CHAPTER 7

理想のパフォーマンスを生み出すメンタルのコツ — 173

CHAPTER 8

感情をコントロールするコツ — 191

本書をお読みになるにあたって

田中ウルヴェ京

本書のＰＡＲＴ１では、メンタルマネジメントに必要な、さまざまなメンタルスキルを、具体例と共に紹介します。

本書を、科学的根拠と実践知の融合された参考書として活用いただくにあたり、最初に大事な「理論の枠組み」について説明させてください。できるだけ簡単に読者のみなさんに日々の仕事で、プライベートで、人生そのもので、メンタルマネジメントの有用性を役立てていただきたい気持ちがあるからこそ、言葉の定義は最初にしっかりしておきたいと思います。

本書における「メンタルマネジメント」とは、「自己の潜在能力を最高度に発揮するための自己管理のことである」（猪俣，２０１５）と定義するスポーツ心理学の視点から書いています。そして、本書でたびたび出てくる「メンタルトレーニング」とは、「その自己管理のためのメンタルスキル（「サイコロジカル・スキル」とも呼ばれ、能力を発揮するために学習して身につけることができるスキルのこと）をトレーニングすることである」という視点を冒頭でおさえておきたいと思います。

この定義の一文字一文字を「自分」に当てはめてみることが、人それぞれ違う「自分ならではのメンタルマネジメント」の入り口となります。これについては、最初のCHAPTER1「セルフアウェアネス　～自分に気づくコツ」でもう少し詳しく書いていきます。

メンタルマネジメントにおいて、「なぜ、何のために、どんな自己の能力を高めたいのか」という目的は人それぞれ違います。なので、トレーニング内容は通常、メンタルトレーナー（正式な資格名は日本スポーツ心理学会認定スポーツメンタルトレーニング指導士ですが、簡略化します）とアスリートが一対一でつくっていきます。

また、たとえ目的が同じでも（たとえば、オリンピックでメダルをとる！という目指す目的が一緒でも）、そのアスリートの年齢や、競技種目の違い、これまでの育成環境で培ってきた「メンタルスキルの種類や度合い」によって当然違う内容を行っていきます。

ですから、いまこの本をご覧になっている方も、PART1で紹介するさまざまなメンタルスキルをすべて順番通りに行わなければいけないというものではありません。フィジカルを鍛えるようになるきっかけは、自分が「ピンときたもの」だったり、「ちょっとやってみようかな」という小さな好奇心だったりします。ジョギングをはじめる人もいれば、水泳や球技をやってみる人もいますよね。メンタルも同じで、パラパラとめくっていただき、「ピンときた」ページから読みはじめることをおすすめします。

私（田中）は、プロ選手や五輪・パラリンピック選手といった、いわゆるトップアスリートを対象としたメンタルマネジメントを専門としていますが、アスリートと同様に、経営者やビジネスパーソンに対しての個別指導や研修もだいたい同じくらいの比率で行っています。

ビジネスでもスポーツでも、目指していただきたい方向は共通しています。それは、「自分のライフサイクルに合わせた、自分ならではの能力発揮と自己管理」のための「しなやかなメンタル」です。そのコツをつかむために最も効率の良い方法が、メンタルスキルのトレーニング習慣です。

正論をいえば、トレーニングの「習慣」ですから、メンタルトレーニングも筋力トレーニングと一緒で、毎日必ず一定の時間をとってメンタルワークをし続けることが基本です。

毎日腹筋を10回やれば、2週間後には必ずその10回が楽にできるようになり、筋力がついたことを実感するようになります。それと一緒で、続けることが何よりも大事。

とはいえ、アスリートならともかく、定期的に「メンタルトレーニングのための時間」を仕事以外でとることのできるビジネスパーソンの方はそう多くないでしょう。

ではどうすればいいか。一石二鳥でおすすめなのが、常にＯＪＴの感覚で、日々の職場という「実践現場」で、本書で紹介していくメンタルスキルを意識しながら、メンタルを鍛えるということです。

本書のPART1では、メンタルマネジメントの基本的な枠組みをベースに、左記の順に章（CHAPTER）を分けました。

1　セルフアウェアネス（自分に気づく）
2　目標設定
3　リラックス
4　集中力
5　イメージ
6　セルフトーク（自分との対話）
7　理想のパフォーマンス状態
8　感情のコントロール

各章（CHAPTER）のはじめに、まず私（田中）がその章のテーマのポイントをわかりやすくまとめました。そのあと小項目に分けて、河野さんが日々の仕事現場で取り入れているコツをご紹介していきます。

ＰＡＲＴ2では、ＰＡＲＴ1を読んでメンタルマネジメントについて興味を持たれた方に向けて、より体系的に理解を深めていただくための解説を私が行いました。

自分のメンタルを一からつくっていきたい、あるいは見直していきたいという方は、1章（ＣＨＡＰＴＥＲ1）から順番に進んでいくことをおすすめします。冒頭でも書きましたが、私たちが目指すべき「理想のメンタルマネジメント」は人によって違うということを、まずは冒頭で知っていただきたいからです。

私たちは一人ひとり、持っている潜在能力も違えば、それを人生の中でどう使っていきたいかという価値観も異なります。「ビジネスでの成功」「人生での幸福」とひとことで言ったところで、その定義も人それぞれでしょう。

それでも私たちは、「相対評価の社会」で生きているわけです。

人は皆違うのに、優劣をつけられたり、そのことで自分の評価が下がったり、自分の望まないことを強制されたり……。きれいごとではない面倒なことは、世の中にいくらでもあります。

そんな社会の中で、自分の軸をつくり、自分の環境の浮き沈みに柔軟に対処し、他人や社会に対しても、相手のことを考えながらも、自信をもってさまざまな課題解決をしていくことのできる「しなやかなメンタル」のコツを、本書ではできるだけ具体的に説明することに注力しました。みなさんのお役に立つことができれば幸いです。

自分の好奇心というアンテナを使って、どうぞ「ピンときたもの」から読みはじめてみてください。さあ、はじめましょう！

CHAPTER
1

セルフ アウェアネス
～自分に気づくコツ

PART
1
メンタルの
コツ編

「セルフアウェアネス（Self Awareness）」という言葉があります。「セルフ（自己）＋アウェアネス（気づき）」、つまり「自分自身に気づく」という意味です。

では、「気づく」とはどういうことでしょうか？

それはすなわち、自分という人間は、何を「感じ」、どう「考え」、どんなふうに「行動する」人間なのかに「気づく」ということです。近年、さまざまな欧米の企業や一流大学で、「社会人のコンピテンシーのひとつ」として重要視されている能力こそが「セルフアウェアネス」です。日本でも耳にしたことのある方が増えてきたかもしれません。

セルフアウェアネスは、まさにメンタルマネジメントの基盤です。その能力を高めることは、トップアスリートにとっても、ビジネスパーソンにとっても非常に重要です。**セルフアウェアネスを高めると、自分に自信を持つということの意味がわかり、自分ならではの実力を発揮する方法がわかるようになります。**

逆にいえば、セルフアウェアネスができていなければ、何を学んでも底の開いたコップのように抜け落ちてしまい、身につきません。自分という人間の本当の長所に「気づけない」ため、せっかくの長所を短所と勘違いして、修正しようとするなどして、自分ならではのメンタルをつくりあげていくことができないのです。

自分の感情、思考、行動に「気づき」、それを「ひとつずつ認めていく」ことで、人は初めて自分のことを建設的に客観視できるようになります。客観視ができるようになると、「自分という人間」についての視野が広がり、大事な場面でも、心理的修正が即座にできるようにもなります。ですから、自分を変え続け、高めていきたいのであれば、まずはセルフアウェアネスの能力を磨いていく必要があるのです。

ここで質問です。

「あなたは、どういうエネルギーを原動力として生きている人間なのでしょうか?」

この質問に対する答えは、人によって、じつにさまざまです。答えの「出し方」にこそ、セルフアウェアネスの第一歩があります。

本来、マンツーマンでのメンタルのトレーニングでは、あまりこちらから、言葉で一方的に説明はせず、ひたすら質問をします。その人ならではの多様な思考に「枠」をはめたくないということと、そもそも「内から気づく」のと「外からの知識を頭でわかる」のでは、メンタルのつくり方がまったく違うからです。

もう少し踏み込んで見ていきましょう。

たとえば、「やる気」という言葉の定義から考えてみます。やる気は、大きく「外発性のもの」と「内発性のもの」に分けられ、前者はたとえば「他人からの評価」「お金」といった外的な要因がエネルギーとなり、後者は「自分がやりたいから」といった内的な要因がエネルギーとなっています。モチベーションについて書かれた本などでは、たいてい最初に書かれていることなので、ご存じの方も多いでしょう。

でも、こうした分類は、「外からの知識」でしかありません。大事なのは、そこからどう自分に置きかえていくか、です。

そもそも、「私のやる気のもとはみんな外発的だ！」みたいに単純な人はいません。知的好奇心からはじめたことが、やがてお金になる仕事になっていき、受注金額が増えていくことがうれしくてたまらなくなった……たとえばこのような場合は、果たしてどんなやる気だと説明すればいいのでしょうか？

また、自分の内側に特にやる気のエネルギーを感じておらず、かといってそれほどお金にも興味があるわけでもない……という場合は、どうでしょうか。

このように「やる気」ひとつとっても、その言葉の定義が人によって違う、つまり、感じ方や考え方は人それぞれです。大事なのは、自分と向き合って、「ああ、自分という人間は、この言葉にこういう感情を抱き、こういう思考を持っているから、こういう行動を続けているんだね」という気づきに到達するまでに、さまざまな「自問自答」をしていくこと。そして、その「道程」自体がセルフアウェアネスなのです。

セルフアウェアネスというメンタルマネジメントの基盤をつくっていくために、これから先の章を読みながらやっていただきたいことは、ただひとつ。**「今の自分に置きかえるとどうだろう？」「なんで自分は難しいと感じるのかなあ」**といった「内なる自分との対話」です。

それを心がけながら本章を読み進めていくと、そのうちに、いろいろな自分に気づけるはずです。「わからない自分」「感じたことがなかった自分」「試してもできない自分」……。いろいろな自分に気づくことができたとき、「やっぱり自分はダメだ」ではなく、「おお、わからない自分ということに気づけた」というように「新しい自己発見」にぜひ気づいてみてください。「わかる」のではなく「気づく」です。**気づきの脳回路づくりこそが、この章の目的です。**

CHAPTER.1

1 「やる気のもと」を見つめ直す

仕事に対するモチベーション、やる気は人それぞれです。

あなたは何にやる気を感じていますか？　今、ぱっと思い浮かべてみてください。

「お客さんに喜んでもらうため」「家族のため」「お金や生活のため」「ともに働く仲間のため」「単に今の仕事が好きだから」「自分を向上させるため」などなど。中には「同期の中で最短で役員になること」にやる気を感じている人もいるかもしれません。

京さんの説明にもあったように、実際にはこれらのミックスであるのが実態ですが、今いくつか挙げたやる気は、大きく二つに分類できます。

「外発動機」と「内発動機」です。

外発動機：まわりから与えられる刺激をもとにしたやる気（お金や評価など）

内発動機：内面から出た興味・関心・好奇心によるやる気（納得感や幸福感など）

どちらも物事を前に進めるための原動力になりますが、それぞれ向く仕事と向かない仕事があるといわれています。外発動機はアメとムチのようなもので、ルールが決まっていたり、量をこなす必要があるなど、比較的定型的な仕事を進めるのに向いています。一方、内発動機は正解や作法のない、クリエイティブな仕事を進めるために必要な要素です。そして、**今の日本で求められるのは後者のような仕事**ですよね。

私の経験上、人が「折れて」しまう主な原因は、極端に外発動機「だけ」に頼っている場合です。「あいつが俺より先に出世した」「この商品を扱っているかぎりボーナスは上がらない」などと感じたときに意気消沈して、心が折れてしまうのです。

一方、内発動機で動いていれば、自分の納得がいくまでさまざまな工夫ができます。まわりの評価などは関係ありません。あなた自身の人生を生きられるわけです。

「心が折れてしまう」状態を避けるために、自分のモチベーションを見つめ直す機会を持ちましょう。間違いなく内発動機を見いだすことができるはずです。

そしてそれこそが、あなたにとっての働く意味なのです。

CHAPTER.1

2

「怒り」の感情を肯定する

オフィスで怒鳴っている人や、怒りのあまりおかしな行動に出る人を見かけると、「ああ、残念な人だな」とか「ああはなりたくない」と思う人が大半でしょう。

よく、「感情をコントロールできない人は、ビジネスパーソンとして失格」といわれます。怒りをあらわにすることは、周りに負の雰囲気をつくりだしますし、またビジネスにおいて正確な判断を損ねることにもつながりかねないからです。

しかし、人間の感情から「怒り」を完全に消去することは可能でしょうか？

周囲から「優秀だ」と言われる人は、本当に怒りの感情を持たないのでしょうか？

そんなはずはありませんよね。わなわなと怒りに震えながら、必死に「怒ってはだめだ、怒ってはだめだ」と感情を押し殺すことは、むしろ健全ではありません。

じつは**「怒り」の感情を持つこと自体は、悪いことではない**のです。

そもそも動物としての本能である「怒り」は、たとえば「食料を奪われる」「領域を侵される」といった、身の安全を脅かす周りからの刺激に対して、自分の生命を守るための行動に移るための最も大事な感情です。ですから、その感情をなくしてしまうことは、正しいことではないのです。

ただ、人間が動物と異なる点は、ここで理性をはたらかせる点です。

まず、自分が「怒っていること」を認めましょう。そして、その感情を維持しながらも理性を失うことなく、「この感情を持った原因は、具体的に何だろうか?」「目的達成に向けて、最も効果的な行動は何か?」について考えるのです。

こうして理性的に考えてみれば、そこで自分がとるべき行動は、少なくとも怒りを爆発させることではない、ということがわかるはずです。

つまり、**「感情」と「行動」を分けて考える**のです。

そうすることで、周りに負のエネルギーを振りまくことなく、自分が思い描く状態に近づくことができるようになります。

CHAPTER.1

3

「苦手な人」を知る

「○○さんの前だと実力発揮できない」「××と言われると冷静でいられなくなる」なんてこと、ありませんか？　じつはこれ、誰にでもあることです。

私にも当然、どうしても苦手なタイプの人はいます。

これはほとんど相性とか、持って生まれた向き不向きに近いものです。

たいていの場合、相手に悪意があるわけではなく、相手にもそうした行動をとる十分な理由があるわけです。ここで、それを指摘して直させるとか、裁判所に提訴するといった客観的な解決方法は存在しません。自分の中で解決するしかないのです。

まず、ぼんやりと「嫌だな」と感じる相手を想像してみてください。具体的にどのような言葉、どのような行動に違和感を持つでしょうか。

ここで重要なのは、「言語化」してみること、すなわち人に説明できるよう言葉にすることです。

私ならたとえば、「同意を強要されたとき」とか「明らかなお世辞を聞いたとき」などです。要するにホンネで行きたいタイプです。

この性格のおかげで、かつてはいろいろ気まずい経験もしました。ただ、このように**言語化されていると、対処方法が決めやすくなります。**また、言語化する過程で、自分の「苦手」が何なのかを発見できます。

もちろん、「嫌だな」と感じる相手と接点を持たないことが解決の一番の早道なのですが、仕事ではそうも言っていられません。

そこでおすすめなのは、**苦手な相手の言動別に、対処方法を決めておく**ことです。試行錯誤する中でうまくいったケースを頭の中に複数パターン持っておき、シーンに応じて、引き出しを開けるように使い分けるのです。

私の場合、「ですよね！」「ですかねえ」などとあいづちを返すのがひとつの方法です。

みなさんは、苦手なタイプの相手にどうやって対処していますか？

CHAPTER.1

4 やる気が出ない自分を許す

朝起きたときに「なんだか今日は気分が盛り上がらない」「仕事に行きたくないなあ」という感覚になること、ありませんか？

そんな自分に、みなさんはどう対処しているでしょうか。

ある人は「身支度をしながら、鏡に向かって『お前はできる』『お前は負けない』と自己催眠をかける」と言います。

またある人は「エレベーターや車の中で一人になったときに、『うおー』と大声をあげて気合を入れる」と言います。

みなさん、できますか？　できる、いや実際にやっているという方もいるでしょうが、想像するだけで疲れるという方も多いかもしれません。

そんな場合は、無理に自分を奮い立たせるのではなく、むしろ**「今日は2割のテンシ**

ヨンでいいや」と決めることで楽になり、結果的に前向きに動けるようになるものです。

じつは、**不安や恐怖といった一見ネガティブな感情には、ちゃんとした役割がありま す。**「（心身が疲れているから）休みなさい」という、脳からのサインなのです。

進化の過程で、もし不安や恐怖というネガティブな感情がなかったならば、多くの天敵に比べて非力な人間は生き残ってこられなかったでしょう。

やみくもに「それいけー」と突進するばかりがすべてではないのです。

自分の今朝の気分をよく観察して、ネガティブな感情がもし見つかったなら、そこには何か意味があります。

一度「やる気のない自分」を許してあげてみてはいかがでしょうか。

CHAPTER.1

5

「4つの感情」を知る

感情の「マイナスの面」にも役割があって、それ自体が悪いことではないということは、ここまで触れてきました。

ここで、整理の意味で感情の分類の仕方＝「感情の四象限」を紹介します。

左の図1にあるように、縦軸を心拍数（ドキドキ↕落ちつき）、横軸を感情の印象（プラス↕マイナス）の二軸で分類します。

するとそれぞれ次のような領域に分類されます。

①第一象限（ドキドキのプラス）：「楽しい」「わくわく」「うれしい」

②第二象限（ドキドキのマイナス）：「むかつく」「恐ろしい」「緊張する」（他の表現として、怒り、ビビリ、焦り、ともいいます）

③第三象限（落ちつきのマイナス）：「落ち込んでいる」「疲れた」「だるい」（悲しい、

図1 感情の四象限

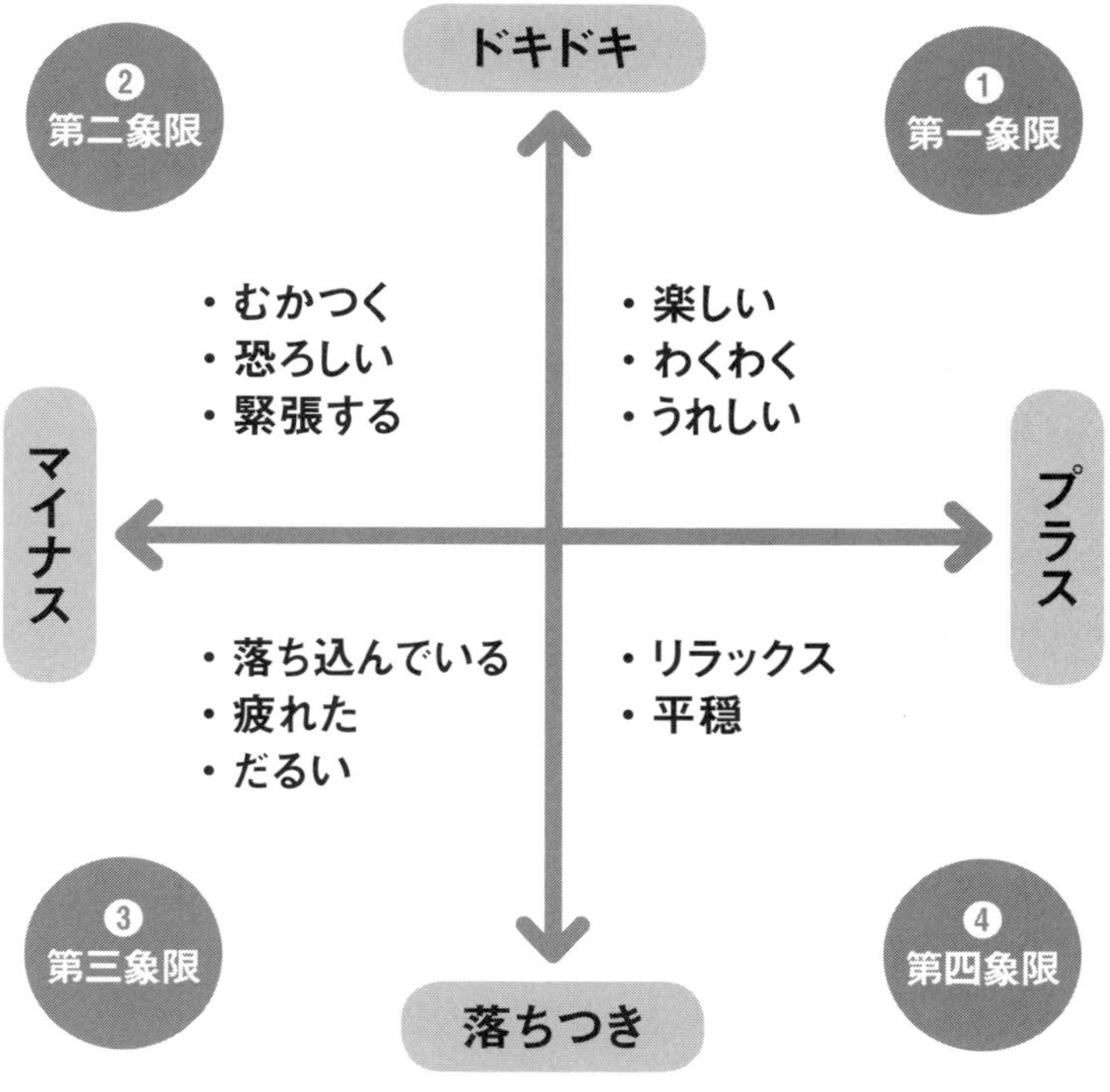
ドキドキ
②
第二象限
①
第一象限
・むかつく
・恐ろしい
・緊張する
・楽しい
・わくわく
・うれしい
マイナス
プラス
・落ち込んでいる
・疲れた
・だるい
・リラックス
・平穏
③
第三象限
④
第四象限
落ちつき

つまらない、なども入ります）

④第四象限（落ちつきのプラス）：「リラックス」「平穏」

常に「プラス」の状態でありたい、という気持ちは誰にでもあるでしょう。

しかし**物事が進歩する原動力は、じつは②の「ドキドキのマイナス」がきっかけになることが多い**のです。

「なんでこの手続きはこんなに複雑なのだろう？」「絶対にこの状態を跳ね返してやる」といった職場での改革や改善の活動は、ここがスタートポイントです。

これは、闘争本能・逃走本能など行動するための原動力を生みだす感情です。これがなければ発展がないわけです。

しかし、もし職場でさまざまな出来事が起こり、②の状態が続きすぎて、③の「落ちつきのマイナス」状態になってしまったとします。その場合は、意図的に休みを入れるなどして④の「落ちつきのプラス」の状態をつくりだす工夫をしましょう。心の回復を待つのです。

しかし④の状態では、仕事のパフォーマンスは上がりません。あくまでもここでは回復を目指すのです。そして①や②の刺激があっても耐えられるような心の状態を準備します。

このように**自分の中の４つの感情を知ることで、これを使い分けることが可能になり、あらゆる場面への対処の準備が整います。**

CHAPTER.1

6 自分の感情（キャラ）を使い分ける

私はあまり、感情が表に出ないタイプのようです。

以前はよく、企画書を見ているときに、「河野さん、あまりテンション高くないですけど、この案だめですかね？」などと言われることがありました。

本人としては、かなり面白い案だと思ってワクワクしているにもかかわらず、です。

逆に、かなり不愉快になっているにもかかわらず、それが相手に伝わっていないため、相手がその行動を止めずに、さらに悪いほうに行くこともあります。

このように、**自分が相手に与える印象は、その人の表に出てくる「キャラ」と連動しがちです。**そしてそれは、内面の感情と一致しないことも多いのです。

そのギャップをコントロールして、目的を達成するうまい方法があります。

行動前に、自分の感情（キャラ）を選んでみることです。

具体的には、前項でご紹介した「4つの感情」をうまく使い分けるのです。

ビジネス風にいうと、目的と環境をふまえた「キャラ戦略」を立てて実行する、ということです。そのときの戦略オプションが「4つの感情」というわけです。

つまり、自分の持ち前のキャラクターや、相手に与えたい印象、周りとの対比などの環境をふまえて、目的を達成するためにはどの感情を使って、次の行動を乗り切るのかを事前に決めるのです。まさに、顧客（Customer）、自社（Company）、競合（Competitor）を分析して戦略を特定する3C分析の基本中の基本にのっとっていますね。


私の場合は、前項（37ページ図1）でご紹介した四象限でいえば、意図的に「ドキドキ」のエリアに持っていくようにしています。

逆に常にハイテンションの人は、より落ちついた印象をつくりだし、説得力を持たせるために「落ちつき」の要素を演じることが効果的でしょう。

また、グローバル環境に出たときには、説得力を高めるため、またそもそも聞いてもらうために、日本人はテンションを意図的に上げることが必要だといわれています。

「キャラの使い分け」は、これからの時代に非常に重要なスキルなのです。

CHAPTER.1

7 Think（思考）とFeel（感情）を使い分ける

日常でよく使われる「思う」という表現があります。仕事でも、「あなたはどう思いますか?」「○○だと思います」といった会話が日々なされていることでしょう。

日本語の「思う」という言葉には、「考える」「感じる」の二つの意味があります。そして、あなたが仕事で「思う」と口にするときは、イコール「考える」を意味する場合が多いのではないでしょうか。

英語には、日本語の「思う」にあたる普段使いの単語にThinkとFeelがあります。ちょうど日本語でいう「考える」と「感じる」にあたりますね。そして英語圏の人は、この二種類をうまい具合に使い分けているようです。

私たち日本人も、なんでも「思う」と言うのでなく、「考える」と「感じる」を使い分けてみてはどうでしょう。**この二つを意識して使い分けることで、仕事の幅がとても広がります。**

仕事のトラブルの原因究明とか、市場動向のデータ分析など、ついつい「考える」ことに集中しすぎて、行き詰まってしまうことはありませんか。そんなときは、ぜひ「感じる」脳にアクセスしてみてください。一気に視界が広がることでしょう。

「なんか、もっとワクワクするアプローチはないかなあ？」

「ねえねえ、こうすると楽しくない？」

ソフトウェアの世界でも、システム思考のみで開発したものは完成度が高いものの、面白みがないため結局使われないことが多いようです。一方、楽しさや使いやすさ優先のソフトウェアはユーザーに使われやすく、結果的にビジネスに貢献するのです。

そういえば偶然ですが、私が尊敬する人たちに、仕事のうえで大事にしていることを聞くと「パッション&インテリジェンス」とか「情と理」「クールヘッド・ウォームハート」といった答えが返ってきます。

偏りのない頭の使い方を意識しているんだな、と感じます。

CHAPTER.1

8 自分の欲に素直になる

人の目を気にしすぎて本心とは違う行動をとったり、思っていることを押し殺して優等生を演じたりしてしまうことはありませんか？

もちろん、感じたことを不用意にそのまま誰かにストレートにぶつけることや、モラルに反する行動をとるのは、目的達成のためにならないので配慮が必要です。でもじつは**自分の欲に素直になるのは、正論に向かう第一歩なのです。**

実際には、本心を必死に隠しながら行動し、結果的にちぐはぐになる人が残念ながらたくさんいます。これは、本人も苦しいのではないでしょうか。

「僕はなにも、出世したくて言っているわけじゃないんだ。君のためを思って」

と言う人と、

「自分は上に上がりたい。上がってもっといい会社にする。一緒にやってくれないか。

君のキャリアにも客観的にプラスになるはずだ」
と言う人がいたとします。言っていて気持ちが楽なのは、どちらでしょうか。
おそらく後者だと思います。
周りから見ても「信じてみてもいいかな」と思うのは、後者に対してでしょう。

本心を隠し続けていると、自己暗示の「理想の自分」と本心の間にギャップが出てきてしまってバランスを崩します。周りの目からも矛盾だらけで、突っ込みどころ満載なわけです。

自分の欲を素直に認めながら、それと社会や他人の利益との一致を見いだすことができたとき、人は最も力を発揮できるのです。かつての日本の先人たちが焼け野原から家電産業や自動車産業を起こしていったときのイメージに似ているのではないでしょうか。
自分の本当の欲に気づくことからはじめてみましょう。

あなたが心の中にしまっていて、出していない欲はなんでしょう?

CHAPTER.1

9 嫉妬する自分を認める

一般的に、嫉妬(しっと)の感情は恥ずかしいものとか、持たないほうがよいものとする風潮があります。なぜ嫉妬がよくないとされるかというと、その思いが強まると、相手を攻撃したり、自暴自棄になったりする原因になるためです。

「自分は特に嫉妬が原因で相手を攻撃することはない」と思うかもしれません。

しかし、確かに普段は鳴りを潜めているかもしれないこの嫉妬という心情も、ひとたびコンプレックスの対象となる相手が弱みを見せたり、少しでも失敗したりすると、その途端に頭をもたげてきます。そして鬼の首をとったように相手を攻撃しはじめるのです。

こうなったときの嫉妬のネガティブパワーたるや、手に負えないものがあります。

私も何度もこういった光景を目にしてきました。

ただ、嫉妬の思いを持つということ自体は、そもそも上昇志向が強いことでもありま す。これを焦りの感情や、相手を蹴落とすという負の行動につなげるのではなく、自分の成長への原動力へと転化させれば、じつに前向きなエネルギーに変わるのです。

上昇志向につながるという意味では、少し形を変えたロールモデル（目指したい姿やあこがれ）を持っているということもできるでしょう。

まずは、誰かに嫉妬していることを、素直に認めてみましょう。

そして、自分を高めて実績を出して、誰かに嫉妬を抱かずに済むレベルにまでたどり着く工夫をしてみるのです。

そのための第一歩が、まず自分が誰かに嫉妬していることを認めることなのです。

そうすることで、次のステップに進む準備が整います。

CHAPTER.1

10 一拍おいて行動する

仕事の中で、思わず行動してしまったことで後悔することはありませんか？

たとえば、メールに感情的に反応したり、会議で不用意な発言をしたりといったことです。その背景として、あまりに自分中心に考えすぎていたり、また逆に相手ばかり尊重しすぎていたりすることがあります。

悪いことに、そういうときは、振り返ると自分が一方的に損をしているものです。

特に、急ぎの対応を求められていたり、自分自身に考えるための余裕がなかったりするときには、それなりの経験を持った人でさえも、このような経験をすることがあるはずです。

こういうときのために、自分を少し離れたところから見つめるためのよい手法があります。**「一拍の哲学」**と私が呼んでいる方法です。

感情に駆られて、望ましくない行動を起こしてしまう前に、少しだけ時間をおいて、考えてみることを指しています。

これは、落ちつくことだけを目的としているのではなく、**より客観的な視点から自分の行動を見つめてみる**ことに狙いがあります。

そのとき、たとえば次のような四つの視点を持ってみると、よりよい判断が下せます。

①自分にとって、いいことか
②相手にとって、いいことか
③会社（所属組織）にとって、いいことか
④社会にとって、いいことか

そして、「三つしか満たしていない」とか「二つしか満たしていない」という場合に、あえて一歩進めるかどうか、という判断をするわけです。

一拍の哲学、習慣化してみてはいかがでしょうか。

CHAPTER.1

11 脈拍を意識する

日常生活の中で、自分の脈拍数に注目することはあるでしょうか。

健康診断などで血圧を測るときくらい、という人が多いのではないでしょうか。


言われてみれば当たり前ですが、**心と身体は強く連携しています。**

「ドキドキ」という表現は、まさにこれを現しています。

日頃から脈拍を意識してみて、自分の心の状態を知るための、文字どおり「バロメーター」として使ってみましょう。


以前、リーダーシップに関する本を書いた関係で、テレビのバラエティ番組の一コーナーに出演したときのことです。

通常、あまり仕事の中で脈拍が上下することはないのですが、録画とはいえテレビはやはり緊張しました。脈が上がったな、と感じる時、左腕の時計で10秒間カウントしながら頸動脈近辺に右手の指を二本あてて脈を数え、その脈拍数をさっと6倍する、というのが私の習慣になっています。

普段、毎分60回前後で推移している私の脈拍も、このときは、ディレクターの方のキュー出しの瞬間には180近くになっていました。

しかし水泳をやっている私は、毎週末、プールでの練習で脈拍を120以上まで上げることに慣れているため、コントロールの範囲です。いつものように、深呼吸して脈を落ちつけました。

仕事の中で、脈が上がったと感じたときは、「あ、ゆっくり動作してみよう」「一人になってみよう」という対処方法を持っておくといいでしょう。

もちろん普段から自分がどのくらいの脈拍なのかを知っておくことも重要です。

そうすることで、自分の心理状態をいち早く把握して、マイナスのサイクルに陥ってしまうことを防ぐことができるのです。

CHAPTER 2

目標設定のコツ

PART 1
メンタルのコツ編

目標設定とは、「自分はどこに進んでいくことにするのか」を決める作業です。「どこ」は、人によって違います。「自分はどういう人生を送りたいのか？」が人によって違うからです。

「女性が持つべき目標とは？」「40代が目指すべきことは？」といった質問をよく受けますが、そうした「こうあるべき」という枠をいったん外して、**自分ならではの「人生の向かう方向」を考え、定めることが、目標設定です。**「自分を知る」ことができるようになってきたら、次は「目標設定」について考えましょう。

「目標って夢のことでしょう。大きな目標を持つほうがいいんですよね？」

そう聞かれることもあります。しかし、じつはそうではありません。目標に関して大切なのは、「具体的に思い描く」ことです。自分がワクワクするような楽しいイメージの「夢」をふくらませることも大切ですが、20代後半から30代にもなってくれば、その夢をより具体的な「目標」に落とし込んでいくことが必要です。

そのためにはまず、目標となりそうなことをいくつでも書き出してみましょう。思いつくまま、どんどん「出しまくる」。出すことで、自分は何を考えている人間なのか、どんな方向に進みたいと本当は思っているのか、といったことが見えはじめます。「見えてくるからこそ」、行動の優先順位も明確になってきます。

「なんでも書いてみて」と言われてノートを広げても、何も思いつかず、そんな自分にショックを受ける方もいます。でもそれは、逆にいいことと捉えてください。「何も出てこない自分がいるんだな」という「気づき」は重要です。「何も目標が出てこない」という「今の自分」に気づいているのと、「そのことにすら気づいていない」のでは、そこからできる思考と行動がまったく変わるからです。「何も出てこないんだな」がわかれば、そこで「じゃあ今の自分の目標は、自分の思考に気づく練習をすること」といった目標をつくればよいのです。

さて、目標を設定したら、もうひとつ大切なことがあります。それは「結果の振り返り方」についてもよく考えておくということです。

私たちはよく「達成できたか、できなかったか」ということだけで評価を行いがちですが、その前にまず、そのための行動をはじめたかどうか、つまり、**そもそも目標を達**

成することに「取り組んだか、取り組んでいないか」ということについても、しっかりと振り返る必要があります。

仕事の種類や性質によっては、中長期に取り組まないと結果が出ないものもあるでしょう。そのような場合に、「達成できたかどうか」による評価だけを行っていたら、長期的なやる気が失われてしまいます。ときには「行動したかどうか」の振り返りを行い、自分で自分をほめる、といったことも必要です。

もちろん、いつでも行動した自分をほめているだけでは何の進歩もありませんから、折にふれて現実としっかり向き合う作業は大事です。しかし、目標達成という言葉を使う人は往々にして、やたらに自分に厳しく、結果が出ないとすぐに「やっぱり自分はダメな人間なんだ」という「言い訳」に走りがちです。途中経過で、**「結果がまだ出ていなくても、行動を継続している自分のことは、ほめる」**。これ、大事です。

結果が出ていないときは、それまでの行動に注目しましょう。そもそも自分は行動が「できなかったのか?」、それとも行動自体を「やらなかったのか?」。この両者には、大きな違いがあります。こういったフィードバックを行うことで、それぞれ目標設定の仕方を見直せばいいだけです。

同時に、「目標を忘れてしまう」という落とし穴もよくあります（笑）。目標を常に「覚えておく」ためには、どんな対処が事前に必要かを考えておくことも、目標設定にあたっては、意外に大切なポイントです。

目標にがんじがらめになって、ストレスを過度に増やしたり、背負い込んだりすることは絶対に避けたいことです。目標達成のためには当然、行動継続という「痛み」を伴うものですが、だからこそ、適切な目標設定や振り返りを行うことで、多くの前進を日々意識的に「感じる」ことが大事です。

CHAPTER.2

1 目標を9マスシートで分解する

何かに取り組もうというとき、大切になるのは「具体的な目標を立てる」こと。これは、本章の冒頭ですでに京さんから説明があったとおりです。

しかし「大切なのはわかる。でも、目標をどう立てていいかわからない」「目標を立てても、なかなか行動につながらない」という人も多いと思います。

そんなときは、まず、頭の中にあるイメージを書き出してみることが有効です。その際、ちょっとした工夫をするのです。

目標を立てて書き出すことの意味は、漠然としている物事を、自分の中で「分解」「可視化」「言語化」することにあります。

その意味で効果的に目標を立てる手法がありますので、ここでご紹介します。

プロ野球日本ハムファイターズの大谷翔平選手が実践していたことで注目が集まった「9マスシート」（通称マンダラート）です。左の図2をご覧ください。

図2 9マスシートの例

資産運用	社外での交流	家族サービス	アポイント・準備の徹底	目標設定	期間設定	取引の履歴を把握	月に2回以上の訪問	フルネームの暗記
友人付き合い	プライベート	趣味をもつ	単価アップ	売上	最悪のケースを想定	公私での付き合い	顧客満足	趣味を把握
旅行	リラックスできる環境づくり	自己研鑽の時間	新規顧客発掘	進捗管理	予備の売上を確保	取引後のケア	感謝を表現する	笑顔
自分を客観視する	目標設定	感情のコントロール	プライベート	売上	顧客満足	英語	ビジネスマナー	論理的思考
相談相手を見つける	メンタル	リラックスできる環境づくり	メンタル	ナンバーワンの営業になる	スキル	プレゼン	スキル	エクセル
ストレス解消法をつくる	座右の銘をもつ	マインドフルネス	人間性・教養	体調管理	人間関係	文章力	会計知識	スケジュール・タスク管理
語学学習	読書	映画鑑賞	階段をつかう	7時間睡眠	徹夜はしない	あいさつ	話しかけやすい態度	裏表なく接する
旅行	人間性・教養	勉強会・講演に出席	甘いものは控える	体調管理	ジムに通う	他部署とのコミュニケーション	人間関係	陰口を言わない
異業種の人と交流	美術館巡り	音楽鑑賞	湯船につかる	仮眠をとる	朝食を摂る	ハキハキした口調	笑顔	身だしなみ

出典元 『目標達成ノート』(原田隆史,2017,ディスカヴァー) を参考に編集部作成

まず、トータルの目標が真ん中にきます。大谷選手であれば「8球団から指名される」でしたが、ビジネスであれば将来のキャリアゴールでも、一年を通じて成し遂げたいビジネス目標でもいいでしょう。

トータルの目標のまわりの8マスに実現のために必要な要素を書きます。この必要な要素が、さらに外側の9マスの中心にくる要素となり、さらに8つに分解されることになります。

この方法ではプロセス目標と結果目標が混在するのですが、そこは気にせずやってみましょう。「言葉で表出する＝可視化、言語化」こそが目的なのですから。

こうすることで目標が漠然としたものから「分解」「可視化」「言語化」され、実行につながるものになることに重きを置くのです。

ちなみに、大谷選手はこれを高校生のときにやっていたそうです。その後の活躍は、みなさんご存じのとおりです。

さて、ここまでは発想法にもとづく目標設定でした。

この一覧化された目標の全体を眺めながら、次のステップとしては、まず何からどうやって着手するかというシナリオをつくってみましょう。
すべてを一気にやろうとすると、どれも達成できず、トータルの目標にまったく近づくことができなかった、という結果になりかねません。

優先順位をつけて、着実に実行することが、じつは近道だったりするのです。

CHAPTER.2

2

目標は「○○しない」ではなく「○○する」

目標を立てるとき、表現面で気をつけたいポイントがあります。

それは、「○○しない」という目標を立てることの問題点です。

たとえば、「肉を食べないようにする」「部下を叱り飛ばさない」「相手の欠点から指摘しないようにする」といった具合です。

この目標の立て方のどこが問題なのでしょうか。それは、「やるべきでないこと」を言語化することで、逆にそのことに意識が集中し、結果的にそれを繰り返してしまうからです。先の例でいえば、「肉」「部下を叱り飛ばす」「欠点から指摘する」ということを言語化することで、脳はその部分を強く意識するというわけです。

私も駆け出しの頃、重要なプレゼンの前に、自分自身に「緊張しないように」と言い聞かせたところ、余計に緊張で頭が真っ白になってしまい、本来「やるべきこと」を何もできなかったという経験がありました。

では、どうしたらいいかというと、「やるべきこと」を言語化するのです。

先の例でいえば、「肉」ではなく**「野菜を食べるようにする」**、「部下を叱り飛ばす」ではなく**「部下を褒める」**、「欠点から指摘」するのではなく**「お礼から伝えるようにする」**という表現に改めていくわけです。

そうすることで、脳は「野菜」「褒める」「お礼」という言葉を自然と意識するようになります。

私の例でいえば、「緊張しない」と唱えるのではなく、**「一番聞いてくれそうな相手の目を見る」「一番遠くの人に声を通す」**といったことに意識を向け、注力すべきだったのでしょう。

みなさんの目標シートは、「○○しない」という表現になっていませんか？

CHAPTER.2

3 「したい」「やらなきゃ」を「しよう」「やる」と言いかえる

ここでお聞きします。目標を立てる意味とはなんでしょうか?

当たり前ですが、目標を立てることそのものではありません。立てた目標を達成することや、それに向かって行動することに意味があるのです。

目標を達成することに意識を向けたときに、気をつけなければならない口ぐせがあります。それは、語尾に「○○したい」「やらなきゃ」をつけてしまうことです。

当然のことですが、「こうありたい」という願望は、誰でもたくさん持っています。そしてその思いが、何かに取り組むときの最初のきっかけとなるわけですから、この気持ち自体は、必要なものです。

しかしそれだけでは、実現や達成に向けた動きには結びつきません。すなわち「○○したい」「やらなきゃ」**と言っているだけでは、目標にならない**のです。

誰でも「したい」ことや「やらなきゃいけない」ことをたくさん抱えているもの。

そこで「○○したい」「やらなきゃ」ばかり言っていると、あれもこれも、という気分になり、逆にストレスになってしまいます。

では、どうすればいいのでしょうか。「○○したい」「やらなきゃ」という口ぐせを、**「こうしよう」「やる」という、意思を明確にした表現に変えてみる**のです。

その瞬間、あなたの意識の中で、単なる願望だったものは優先順位が下がって、本当に自分が達成したいものだけが上位に残ります。明確に意思がこもったものだけが自分の目標となるのです。

そして、自分ごととして、実行・実現に向けて、とるべき行動に落ちてくるのがわかるでしょう。

漠然と「デキるビジネスパーソンになりたいなあ」とか「リーダーとして慕われる存在にならないと」という「願望」を、「なる」「やる」という語尾に変えて、自分の意思のこもった「目標」に変えてみませんか?

CHAPTER.2

4

「夢」を「目標」と言いかえる

みなさんの夢はなんでしょうか？

「ハワイでのんびりしたい」「大金持ちになりたい」、あるいは「世の中をよりよいものにしたい」という方もいらっしゃるかもしれません。

一般に、「夢は？」という質問に対する回答で多いのは、前出（37ページ図1）の四象限モデルでいうところの、右下の第四象限「落ちつきのプラス」の部分にあたるものだといわれています。

（ちなみに、アスリートの「夢」は、「思う存分眠ること」という回答が一番多いそうです。引退したあとの「夢」なのでしょうか）

では、その「夢」に対して、「目標」はどういったものか。**目標とは、シンプルにいうと行動を伴うもの**です。四象限モデルでいえば、右上の第一象限「ドキドキのプラス」

部分にあたります。

ですから、アスリートでも「夢は金メダル」と言っているうちは、まだ具体的なアクションを伴っていないことが多いようです。

ですが「目標は金メダル」と自然に答えられるようになった瞬間、とるべきアクションがはじめて明確になり、目標実現に向かって進めるようになるというわけです。

もし、あなたのビジネスにおける将来の夢が、漠然と「社長になりたい」「起業したい」だったとしたら、それを「目標」と言いかえてみてください。

「社長になるのが目標です」「起業するのが目標です」と口にすると、不思議なもので、「目標」に向けた具体的なアクションを考えたくなってきませんか？

そろそろ、あなたの「夢」を「目標」と言いかえる時期がきているのかもしれません。

CHAPTER.2

5 「人として」の目標もつくる

ここまで「ビジネスパーソンとして」の目標について述べてきました。ここで視点を変えて、「人として」の目標についても考えてみましょう。

先年、ラグビー日本代表が南アフリカ代表チームに勝ったことが話題となりましたが、その勝因のひとつに、「強豪チームに勝てるラガーマン像とはどういうイメージか」について徹底的に考えたことが挙げられるそうです。もちろん、フィジカル面でのトレーニングがある前提ですが、メンタル面で気後れしないためにも、そうした「人としての」目標が必要だったわけです。

「人として」の目標について考えることは、このように、「ビジネスパーソンとして」の目標をより着実に実現するためにも意味があります。これは、エリート教育の中で「ノブレスオブリージュ」、すなわち、「エリートが備えるべき高潔さ」として伝えられるものと似ていますし、企業の選抜者教育の中でもしばしば行われる「人格教育」的なものとも共通しています。

たとえば、あなたがビジネスパーソンとして立てた目標を実現したときのことを想像してください。そのとき、あなたは「人として」どんなふるまいをしているでしょうか。もし「目標は社長になること」だったなら、このように考えてみてください。

社長にふさわしい人が些細なことでイライラするでしょうか。お店のレジでお釣りをニコリともせず無言で受け取ったりしますか？　おそらくしないでしょう。同様に、真のリーダーとしての社長を目指すのであれば、「常に視野の広い人間であるため、毎日他部署の同僚に声をかける」「常に良い集中をしたいので、朝は掃除をして環境をスッキリさせる」といったことが行動目標になるかもしれません。

「ビジネスパーソンとして」の目標達成の努力を怠らないと同時に、「人として」の目標を設定し、それに向けた努力も惜しまない。これは、結果的にどちらも達成するための近道だともいえるでしょう。

CHAPTER.2

6

その日の行動目標は朝、鏡を見て決める

目標に向けて計画を立て、それに沿って日々の具体的な行動目標をあらかじめ決めておくのは、とても有意義なことです。

しかし、日々の調子というのは当日になってみないとわからないものです。

アスリートの場合は、肩の調子が悪い、足がだるいといった身体の状態という形で現れるため一見わかりやすいでしょう。同じように、ビジネスパーソンのメンタル面の調子も、脳という身体の一部の状態を表しています。

そう考えると、**当日の心の状況によってその日の行動を決めるというのは、現実的で、理にかなっている**といえます。

たとえば、鏡の中の自分が目の下にクマをつくっていて、「なんだか気が重い」「どうも気にかかることがある」という状態で、重要な意思決定をするべきではありません。

また「集中して考えるための心のスタミナが切れている」状態で、無理やり「今日は新しい企画を考えるぞ！」と行動目標を立てたりするのも避けるべきです。

朝、メイクをしたり、髭を剃ったりしながら鏡の中に元気のなさそうな自分を見つけたときは、たとえば「今日はたまった経費精算をすることに時間を割こう」とか「同期とランチに行って、話を聞いてもらおう」というように、元気がない状態でもちゃんと遂行できる仕事を割り当てたり、回復するための時間に当てるのです。

もし、長期的に低空飛行が続くようであれば、生活習慣を見直したり、環境を変えたりすることを考えてみましょう。また、身体に変調をきたしている可能性もありますから、その場合は医師に相談したほうがいいかもしれません。

将来の計画を立てることにはとても価値があります。しかし、それにこだわりすぎて、当日の調子を無視してまで無理に計画を実行すると、結果的に思うようにパフォーマンスが出なかったり、「計画が守れなかった」ことがストレスになったりと、本末転倒な状態になってしまいます。

行動目標は当日の朝、鏡に映った自分と話し合って決めてみましょう。

CHAPTER.2

7 長期的な目標を意識する

最近、「自分は『今に集中』しているから、目標を持たないことにしています」というアスリートが多いそうです。

といっても、見方を変えれば、これも「今に集中する」という明確な目標を持っているといえるんですよね。

ここで気をつけたいことは、何も考えることなくボーッと「今に集中」しているのではなく、なぜ今あえて「今に集中」なのかを考える必要がある、という点です。それがあれば、意図を持ってこれを決めた、といえるわけです。

おそらく、**「今に集中」したい理由があり、その裏には長期的な目標がある**はずです。

ビジネスでいえば、「この案件を成約しなければ次がない」「今年の上半期はオペレーションに集中したいから、新企画の立案業務はしばらく凍結する」といった理由で一定期間は今の業務に集中すると決めるのです。

ただ惰性でそうしているとか、言われた仕事だけを黙々とやっているというのは、今に集中すると「決めた」わけではなく、ボーッと「流されている」、または考えることから「逃げている」だけなのではないでしょうか。

これでは、集中によって本来得られたはずのものすら気がつかず、そのまま惰性で「集中」し続けたり、方向転換すべきときにもそのタイミングに気がつかないであさっての方向に猛進し続けたりと、本末転倒な状態に陥りかねません。

次につながるものが何もないという意味では、何もやっていないのと変わりませんよね。

何のための「今に集中」なのでしょうか。一度考えてみてはいかがでしょう。

CHAPTER.2

8 達成に必要なプロセスを習慣化する

何か大きな目標を達成するために、その過程にも目標を置くことがあります。これを**プロセス目標**といいます。

ビジネスでのプロセス目標とは、たとえば「論理的に考える」「会議で必ずひとつは意思決定する」といったことです。このプロセス目標が達成できたときの理想的な姿とは、目標を意識しなくても自然に行動に移せている状態、つまり習慣化している状態です。

習慣化の例でよくお話しするのが、競泳のクイックターンです。

クイックターンは、初めてやってみると必ず鼻に水が入ってきます。それを防ぐためには、鼻から息を吹き出して、水が入ってこないように空気のフタをします。

ここでは「鼻から水が入らないように、息を鼻から出すようにする」というのがプロセス目標になるわけです。

一日何十回とクイックターンを繰り返す競泳選手に「鼻に水が入らないようにどのような工夫をしていますか？」と質問すると「気にしたことがありません」という回答が返ってくると思います。

ここまで持っていければ、プロセスを習慣化できているということになります。

では、プロセスの習慣化がうまくいかないのは、なぜなのでしょうか？

多くの場合、「とにかくつらくて、どうしてもできない」からというわけではなく、「つい後回しになっていて」とか「頭の片隅にはあるんだけど、『まあいいか』って思ってしまって」というものだったりします。

できて当たり前のことができない、というものが多いのが、この「習慣化」の難しさですが、そうであるからこそ、**できたときに自分を褒めてあげる**のです。

常に目標を意識して、ちょっとしたことでも実行できたら、「あ、今日の自分はよく頑張った。素晴らしい！」とほめてあげるのです。

それを継続することによって、いつの間にか、それができている自分が当たり前になり、また、同時に自分を肯定的に考える習慣も身につきます。

CHAPTER.2

9 「目標を忘れる」に対処する

私も会社に所属しているので、会社との間で合意した目標は長年管理しています。それと同じように、個人として達成したい目標も毎年決めるようになりました。

ところが、初めて個人目標を立てた年の年末に達成状況の振り返りをしたのですが、なんと目標の一部を「忘れていた」ことに気がついたのです。

自らすすんで立てた目標を忘れてしまう――これはある意味新しい発見でした。

ここまで「目標を立てて、その成果やプロセスで測るのだ」などと偉そうに言い続けてきたにもかかわらず、それ以前に目標を忘れてしまうなんてあり得ない！　と思われるかもしれません。

しかし実際には多くの人が、期首に立てた目標を意識せずに中間、期末を迎えてしまい、「あ、そういえばこんなこと決めたな」と振り返りのときになってから思い出す、というのが現実のようです。

じつはオリンピック選手ですら立てた目標を忘れることがよくあるそうで、メンタルトレーニングも、「目標を忘れない」というテーマで実施されることがあるのだとか。日々慌ただしく過ごしていると大きな目標を見失いがちになる、または、人間というのは忘れるものだ、ということなのでしょうか。

ただ、だからといって、「忘れるのはよくない」「忘れるというのは、そこまで本気じゃなかったということだ」などと言っていては、いつまでたっても進歩がありません。

人間は忘れやすいものであるということを前提に、忘れないための対策を考える必要があります。

たとえば、ブログやSNSで内外に目標を宣言して周囲からプレッシャーをかけてもらうとか、普段目にするところに貼っておいて常に自分に暗示をかける、(できれば、上司やコーチなどと共に)月や週に一度といった頻度でチェックポイントを設ける、といった方法があります。

重要なのは、**事前に対策を決めておく**ことです。

CHAPTER.2

10 「達成できない」に前もって対処する

真剣に目標を設定したら、今度は、それを達成できなくするかもしれない要因を分析して、対処方法を考えておくことをおすすめします。

たとえば「禁煙」を目標に掲げたときに、その誘惑に負けてしまう自分を想像してみるのです。仮にAさんと会うとついたばこ部屋に一緒に行ってしまう、という状況が想像されるとします。

この場合Aさんと会う用事をなくす、とか極力減らすというのが一番の方法です。

しかし、仕事上どうしても会わざるを得ないのであれば、Aさんと会う用事はランチの前に入れないとか、なるべく直後に会議や電話などの仕事の予定を入れるというように、スケジュール面でAさんとタバコ部屋に行ってしまわないようなリスクヘッジをするわけです。

他にも、誰か代わりに会ってもらうようにするというのも、ひとつの工夫です。

このように今までどおりAさんとも普通に会っても問題がないようなレベルの「禁煙」が習慣化するまで、さまざまな対応策を練り続けるのです。

ここで挙げたAさん対策は、リスクマネジメントのフレームワークに沿っています。リスクを洗いだしたあとにそれぞれに**「軽減」「回避」「転嫁」「受容」の4つの視点から対応策を事前に検討**するというのが、リスクマネジメントのフレームワークです。

プロジェクトマネジメントの方法論の中で詳しく説明されていますので、詳しく知りたい方はぜひそちらを参照してください。

CHAPTER.2

11 うまくいかないときは、その「前条件(ぜんじょうけん)」を分析する

目標達成を目指す中で、障害となる課題やリスクはいろいろあります。

健康に仕事に向き合いたいのに、つい深酒をしてしまったり、集中して学習や作業をすべきことはわかっているのに、いつまでもテレビやスマホを見てしまったり……。

このように、あなたが「好ましくない」と思う行動には、その行動につながるきっかけや刺激が必ずあるものです。

これを、心理学では「前条件(ぜんじょうけん)」といいます。この**前条件を整理しておくと、その好ましくない行動を事前に抑えることができる**のです。

先ほどの禁煙の例でいえば、Aさんが喫煙の前条件になっている可能性が高いですね。ですからAさんと接する機会を極力減らす、などという対応策をとります。

テレビを見すぎてしまうのなら、その前条件は「テレビの存在」とも考えられます。

であれば、コンセントを抜いておく、テレビ自体を持たない、といった事前対処法が考えられますね。

目につくとスマホを触ってしまう、ということなら、常にカバンの中に入れておく、指紋認証をやめて、長めのパスワードを入力しなければログインできないようにする、など（このテレビとスマホの例、じつは私が実際に試したことのあるものです）。

同じように、会社でいらいらして集中できないときの前条件はなんでしょうか。特定のチームメンバーに対して厳しい対応をしてしまう前条件はなんでしょうか。ときには周りにも協力してもらいながら、前条件を整理してみてください。

そのときどきで、自分の目標達成を阻む行動の「原因分析」をし、何がその行動を引き起こしているかをわかったうえで対処するということです。

これは心理学の基本といわれていて、生活習慣の改善でも活用されている手法です。

CHAPTER

3

リラックスのコツ

PART 1 メンタルのコツ編

アスリートでもビジネスパーソンでも、最高のパフォーマンスを実現するためには、効果的に自分をリラックスさせる方法を知っておくことが大事です。誰だって、怒っていたり、焦っていたり、あるいは緊張して頭が真っ白な状態では、実力を発揮することはできません。

では、リラックスというのは具体的にどんな状態なのでしょうか？

簡単にいうと、身体と心が過度に緊張していない、ということです。身体でいえば、心拍数が落ちついていて、副交感神経が優位にはたらいている。そして心は穏やかな状態です。

人間の身体と心はつながっています。そのため、心理的に強いストレスを感じているときには、身体反応で、血圧や心拍数が上がったり、無意識のうちに身体の特定の箇所に力が入ったりします。

ということは、逆にいうと、**身体の状態を自分でコントロールすれば、心を穏やかに導くこともできるわけです！**

ですから、**「自分は今緊張しているな」と気づくことが大事です。** アスリートは、緊張を感じた後に、わざと手足をブラブラさせるなど、軽く身体を動かして血流をよくしてから、大きくゆっくり深呼吸をするなどして、意図的にリラックス状態をつくりだすことをしています。これはビジネスパーソンでも真似できますよね。

今注目されている瞑想も、リラックスに大変有効です。すでにトライした方も多いかと思いますが、あまり本格的にやろうとすると、なかなか習慣化しづらいのではないでしょうか。ほんの1分でもいい、いや1分だけでいいのです。たとえば駅のホームで電車を待っているとき、左右両足の足裏が床についていることを意識して、しっかり両方に重心をのせ、前方をぼーっと見ながら呼吸に集中する。それだけでも、心身を穏やかな状態にすることができます。

座っているときなど、しばらく「目を閉じる」だけでもリラックス効果があります。

これは目の見えないパラリンピック・アスリートから聞いた話ですが、その方曰く、「目が見えなくなってから、競技でのプレッシャーが減ったんだよね」とのことです。

これはつまり、人は目から入ってくる情報で無用なプレッシャーを感じることが多いので、その情報を遮断することにより、心理的にリラックスした状態を導きやすくなるということです。

逆に、昼休みなどで10～20分程度のまとまった時間をとれるのであれば、「昼寝」をしてしまうのがベストです。瞑想がうまくできなくても、昼寝ならできる、という人もいるでしょう。

あるいは、普段から自分をリラックスさせられる言葉や香りの記憶をストックしておいて、緊張しそうな場面で、必要に応じてそれらを取り出すのもおすすめです。


そもそも、「自分が緊張していることに気づかない」という人は非常に多いです。まずは、身体の声に耳を澄ませてみてください。人は緊張しているとき、たいがい身体のどこかに力が入っているものです。

「緊張しそうだな」という予兆を感じたときは、その状況で起き得る感情を言語化してみてください。「今、私はいらついている」「ちょっと焦っている」などといった感情を、口にして身体の外に出すだけでも、心身ともにリラックスできることがわかっています。


リラックス方法は、人それぞれです。他の人に有効だった方法が、自分には合わないこともあるでしょう。最も大切なのは、自分のリラックスに有効なのはどんなやり方かということを自覚しておくことです。

CHAPTER.3

1 身体を動かす

みなさんはリラックスというと、どんな状態を想像しますか？　おそらく、あまり身体を動かさない様子をイメージするのではないでしょうか。

確かに慌ただしい日常生活を送っている中では、身体を動かさずに静かにしてバランスを保ち、心身の回復を図るということは、ひとつのリラックスです。

37ページ図1の四象限モデルでいえば、右側の下の「落ちつきのプラス」状態です。

ただ、私たちビジネスパーソンのリラックスは、必ずしもじっとしていることだけではありません。むしろ身体を少し動かすことでリラックス状態に入ります。

というのも、多くのビジネスパーソンはデスクワーク中心で、デスクから離れるのは会議や商談のときくらい、という人がほとんどだからです。デスクワークや会議が続くと、緊張や焦り、いらだち、集中などの交感神経が常に優位な状態が続くため、身体全体の筋肉に無意識に力が入って、部分的に血流の循環が十分でない状態になります。

ですから、**心拍数が上がらない範囲、すなわち副交感神経が優位な状態で、ゆっくり筋肉を「伸ばす＝ストレッチする」ことで、私たちはリラックスできるのです。**


たとえば、立ち上がって伸びをする、首や肩、腰のストレッチをする、といった軽い動作を、意図して計画的に行ってみてください。

また、集中してデスクワークをしたあとは、酸素を身体じゅうに行きわたらせるために、身体を動かすことを意識的に行うのも効果的です。２フロア程度の移動であればエレベーターを使わず、ゆっくりと階段を使ってみましょう。同じフロアの相手とのコミュニケーションであれば、メールや電話を使わないで歩いていって対面で話すというのも、じつはリラックス効果があります。

何でもメールで済ませる人を観察してみてください。「不機嫌」とか「疲労感」というストレスフルなキーワードが思い浮かんでくるはずです。

日常的に身体を動かし、リラックスすることを習慣にしている人は、ストレスが溜まりにくくなるのです。

CHAPTER.3

2 笑顔をつくる

身体のリラックスは、身体を動かすことからはじめると良いという話に続いて、次は、頭のリラックスについてもお話ししましょう。

脳に関節や筋肉はありません。ですから脳そのものを動かすことは普通の人にはできません。

そこで有効なのは、外から見て脳の状態を最も表しやすいといわれている、顔の表情を変えてみることです。

脳の状態を表すのが顔の表情といいますが、逆にいえば、表情を変えることで脳の状態が変わるということです。言ってみれば、頭と顔は表裏一体の関係なのです。

つまり、**表情を柔らかくすれば脳もリラックス状態に近づきますし、逆に硬い表情でいれば脳も緊張した状態になる**わけです。

「リラックスするために深呼吸をしましょう」と言われて、それを仏頂面でやる人がときどきいますが、これはブレーキとアクセルを両方踏み込んでいる状態なわけです。

では、実際に表情から脳をリラックスさせる方法を考えてみましょう。

たとえば、お手洗いに行ったら鏡を見るはずです。そのとき、自分の顔の表情を、よりリラックスした状態に近づけるために動かしてみてください。

一番いいのが、まずは無理やりにでも笑顔をつくってみることです。口角や眉を上げて楽しそうに笑ってみましょう。

他にも目玉を上下左右に動かしてみたり、口を開けたり閉じたりの動作を大げさにやってみたりします。もちろん、公共の場では人目に配慮してくださいね。

こうすることで顔の筋肉がリラックスします。それによって顔の表情の鏡でもある脳もつられてリラックスする、というわけです。

この本を読んでいる今この瞬間にでも、やってみてください。スーッと脳がリラックスするのを感じられるはずです。

CHAPTER.3

3 瞑想する

慌ただしい日常の中で仕事をしていると、抱えている課題や、ちょっと気にかかったことなどが頭の片隅に貼りついて離れないことも多いでしょう。

一晩寝ればリセットできるという人は幸せです。一般の人は得てして布団に入っても仕事が頭をよぎったり、ときには夢の中で仕事をしていたりします。

そんな時間が長いと、なんだか頭のキレがなくなって、仕事全般の効率や品質が悪くなっていきます。

こんなときにおすすめなのは「メディテーション＝瞑想」です。

「メディテーション＝瞑想」は80年代以降、医学的にストレス軽減などの効果があることが研究結果によって明らかになり、軍の現場や大手企業の研修でも取り入れられています。

「自分が宇宙の一部になったような気持ちで」などと言われると違和感を持つ方も多い

かもしれませんが、私がよく使うたとえ話としては、ＰＣやスマホの「再起動」です。いろいろなアプリを立ち上げて使い続けたＰＣやスマホは、ゴミデータが溜まり、本体への負荷がかかり続けています。その間は電源の減り方も速くなっています。これは「日常の雑事に追われている」脳の状態に似ています。

ここでは、**スリープモードにすることは根本的な回復になりません。「再起動」すなわち頭の中をいったん空っぽにするイメージの瞑想が必要となる**わけです。

脳の再起動、すなわち瞑想のポイントは、大きく次の３点です。

①姿勢を正して左右前後の筋肉のバランスをとる
②目を閉じる
③吐くほうの呼吸に注力して、ゆっくり肺の中の空気を外に出す

これだけでいいのです。１分程度でも効果が出ますので、電車やエレベーターを待つ間や、ふとした仕事の切れ目などのスキマ時間を使うことで、再起動直後のＰＣやスマホのようなリフレッシュした脳で仕事が再開できます。

CHAPTER.3

4 プレッシャーを感じたら、目を閉じる

「百聞は一見に如かず」という表現があります。たくさんの話をただ聞くだけよりも、一度でも目にするほうが、より多くの情報を得ることができる、という意味です。

この理屈でいうと、逆説的ですが、ネガティブな情報や雑事も目から入ってきやすいという考え方もできますよね。

確かに、**仕事の中でのストレスは、誰かの表情や視線、場の空気といったものが刺激になってもたらされるものが多い**のも事実です。

あることをきっかけに現在は目が見えなくなったパラアスリートの話によると、目からの情報はプレッシャーになることが多く、目が見えなくなってからは、その意味でのプレッシャーがなくなり、メンタル面で安定することが多くなったそうです。

このように、心理（あるいはメンタル）面でのプレッシャーを伴う外部刺激の多くが、目からの情報です。であれば、プレッシャーがかかった状態では、思い切って目を閉じてみるというのはどうでしょうか。

シンプルに、**目を閉じることで、目から入ってくる情報を遮断する**のです。目からの情報が遮断されると、その分の注意が他の領域に注がれます。視覚以外の五感もそうですが、自分の脳に刻まれた知識や記憶などを意識することができるようになります。

こうすることで、多くのノイズから意識が解放され、本来やるべきことへの集中や、発想の転換をすることができるようになります。さらには、イノベーティブなアイデアを思いついたりすることも可能になるはずです。

CHAPTER.3

5 リラックスワードを決めておく

新卒社会人3ヶ月目に、入ったばかりの会社を不本意ながら辞めたという経験が、私にはあります。

当時、一度入った会社は定年まで勤め上げるのが世の中の常識でした。第二新卒なんていう言葉もなく、文字どおり行くあてもなく、途方に暮れていました。

そんな折一時帰郷して、祖父と話したときのことです。落ち込む私を見て、祖父はこう言いました。

「わしの20代は、ガダルカナルでアメリカと戦争しとった。それに比べりゃあ会社を辞めたぐらい、大したことはないなあ」

確かに。なんという説得力。

これを聞いた瞬間、一気に肩の力が抜けて、前を向くことができたのを覚えています。

それ以来、何かあると祖父のこの言葉を思い出します。

窮地に陥ったときに、自分を取り戻させてくれる言葉――みなさんも何かしらお持ちなのではないでしょうか。これを「リラックスワード」として自分の中で決めておき、意図的に使うことで、自分を落ちつかせたり、気づかせたりしましょう。

ポイントは、**「前もって決めておく」**ことです。

一度大変な状況になると、人間なかなかその場で解決策を見つけたり、考えだしたりするのは難しいもの。だからこそ、前もって準備しておくことが重要です。たとえば、「死にゃあしない」「なるようになるさ」といったフレーズでもいいでしょう。

私が以前お付き合いしていた組織では、「失うものは何もない」を合い言葉にしていました。新しいアイデアにチャレンジしてみるときに使うのだそうです。

そのとき「ああ、このチームの強さはこれだな」と思ったのを記憶しています。

これは、リラックスワードが組織文化にまでしみ込んだ好例といえます。

CHAPTER.3

6 香りの記憶を使いこなす

リラックスをするためには、香りを使うというのも、ひとつの手段です。
香りには特に個人の記憶と結びつく傾向があるそうです。

五感は、すべて大昔から人間がその生命を維持するために発達させてきた感覚です。その中でも味覚や嗅覚は食べ物と関係していて生命に直結する可能性が高いので、より記憶とつながりやすいという説があります。

そこで自分の「良い状態」の記憶とつながる香りを理解しておき、必要に応じて活用することで、**香りを起点に心の「良い状態」を意図的につくりだす**ことが可能となります。

たとえば、共著者である京さんと私の間では、自分たちにとって良い状態につながる共通の「香り」がひとつあります。それは「塩素臭」です。

最近は技術も進歩してずいぶんマイルドになりましたが、20世紀にプールで青春を過ごした者にとって、あの強烈な塩素臭は忘れられません。自分が体力的に最も活力があり充実していた時期と重なる香りが、塩素臭なわけです。

あの香り（というかにおい）に触れると、なぜか気持ちが若返ります。

私は今でも習慣的にプールに通っているのですが、それは単に体力づくりのためだけではなく、あの香りに触れるためだったりするのかもしれません。

みなさんも、「留学時代に使っていた石鹸のにおい」や、「成果をあげたときの研究室の書籍や薬品の香り」、「親しい人のイメージとつながる好きな果物やコーヒーの香り」など、それぞれたどってきた人生の記憶にひもづいた香りがあるのではないでしょうか。

ぜひそれらを上手に活用して、意図的にリラックスした状態をつくれるようになってみてください。

CHAPTER.3

7 リラックスする音を見つける

五感のうち、聴覚もリラックスに活用できます。

たとえば、映画やドラマのBGMが見ている人の心に与える影響については、皆さんもよくご存じだと思います。また、試合前にモチベーションや集中力を高めるために、自分用に編集した音楽を直前に聴きながら本番に備えるアスリートも多くいます。

この効果を、気持ちを落ちつけるためにうまく利用するのです。

ただ、育った環境やライフステージによって、音の感じ方は千差万別です。

日本人の心を和ませる秋の虫の声は、日本人以外にはやかましくて仕方がないという話を聞いたことがあります。あるいは、子どもの騒ぐ声は、子育て経験者の私にはまったく気になりませんが、うるさいと感じる人もいるでしょう。

ですから、**自分の感覚に合った音を、自分で見つけておく**のが大事です。

ＣＤショップやインターネットでは、不特定多数向けのリラックスミュージックなどが多く販売されています。お気に入りが見つかればそれを活用するのもいいでしょう。水の音、そよ風が起こす音、小鳥のさえずりなど、いろいろ試してみてください。

私の場合は、水の音です。出生前の羊水の中にいるときの状態に近いからという説もありますが、個人的にはやはり水泳をやっていたことが大きく、何かと水の中にいることに慣れていて、水がらみでの良い記憶が多いからなのではないかと思っています。

自分がリラックスする音を見つけて、疲れたときなど、折にふれ目を閉じて楽な姿勢で聞くように習慣づけてみてはいかがでしょうか。

CHAPTER.3

8 肩に力を入れて、一気に脱力する

これまでも「身体」と「心」が強く関連していることを前提に、身体を動かすことでリラックスしたり、見えやすい「表情」をコントロールすることで、外からは見えにくい「気分」もコントロールできることなどをご紹介してきました。

同じように、張りつめた心も、身体を緩めることでリラックスさせることが可能です。キーワードは、「脱力」です。一度、意図的に身体じゅうに力を入れて、そのあと一気に力を抜くことを、ここでは「脱力」といいます。

子どもの頃、体育の授業のときなどに準備運動をした経験が誰にもあるでしょう。そのときに、思い切り「伸び」をして、そのあと一気に脱力する運動をした記憶がある方も多いのではないでしょうか。そのイメージです。

私たちビジネスパーソンにとって、一番緊張が出やすいのは肩ではないでしょうか。象徴的なのは、肩こりです。

そこで提案します。肩がこったときも、そのままストレッチしたり揉みほぐそうとしたりするのではなく、一度思い切り肩に力を入れて、緊張をさせてみましょう。

具体的には、手を下ろしたまま、肩を両方同時に、思い切り上方向に上げます。肩先が耳につきそうになるくらい上げるのです。

そうしたら、**1分を目安に静止してください。その後一気に脱力します。**どうでしょうか。それまで凝り固まっていた筋肉に血が通って、柔らかくなり、身体が軽くなっているような感覚になりませんか？

同時に不思議と気持ちも緩んで、リラックスしている状態になっていることに気づくはずです。

CHAPTER.3

9 歯の状態に注目する

ストレスや緊張の現れのひとつに、歯を強く噛みしめる「食いしばり」という現象があります。これは、じつは多くの人が無意識にやっているもので、あまりにストレスや緊張が強いと、本人も気づかないうちにこの食いしばりが強くなり、いろいろな形で身体の異変につながります。たとえば、頭痛、肩こりや顎の関節炎などを発症したり、歯が欠けたり割れたりすることもあるようです。

私自身も、ハッと我に返ると、ものすごい力で奥歯を噛みしめているときがあります。たいていは、仕事で多くのプレッシャーを抱えているときに起きます。仕事のことをあれこれ考えながら、知らず知らずのうちに、歯を食いしばっているのです。

対処方法としては、飴をなめたり、ガムを噛んだりするなど、半ば強制的に噛みしめることができない状態をつくりだすことで、自然とリラックスができます。

こうすることで、単に身体がリラックスするだけではなく、そのストレスや緊張の原因となっていたプレッシャーそのものが、じつは大したことではないと感じるようになるので不思議です。

ところで「心理学には受動態はない」という表現があるそうです。

このケースに限らず、**ストレスや緊張というのは、その原因となるものからプレッシャーをかけ〝られて〟いるのではなく、受け取り側であるあなたが〝自ら〟プレッシャーに感じているだけなのです。**

結局、自分自身が工夫をしてリラックスした状態をつくりだすことで、考え方を変えることができ、自分自身を救うことが可能となるのです。

もちろん、食いしばりの症状があまりにひどいときは、根本的な治療が必要になります。その場合は歯科医院や口腔外科などの医療機関に相談してみてください。

10 ランチ後に15~20分の昼寝をする

一日の仕事時間を仮に9~18時とすると、効率が落ちはじめるのが午後の業務が始まってしばらくした、14~15時頃なのではないでしょうか。

この時間は頭が少し疲れはじめます。またランチをとったあとでもあり、満腹感と入り混じって、眠気を感じはじめることも多いのではないでしょうか。

この時間帯をうまく乗り越えないと、そのままズルズルと夕方まで引っ張ってしまい、ただでさえ効率の悪い残業時間帯へと突入することになりかねません。

頭をリラックスさせて午後の業務を迎える方法として、ランチ後の短時間の昼寝をおすすめします。

実際には熟睡してしまわないように、布団に入ったり横になったりするのではなく、机で伏せたりイスに深くもたれかかったりするなどの、少しだけ不自然な体勢で15~20

分眠るのです。

短時間でも眠ることでいったん脳をリフレッシュさせて、スッキリして午後の業務にあたることができるのです。

一説にはコーヒーを一杯飲んでおくと、深く眠りすぎず短時間で着実に起きられるといいます。

この説の由来ですが、スペインなどヨーロッパの地中海沿岸の地域を中心に「シエスタ」という習慣があり、これに端を発しているようです。シエスタは、職場からランチの時間帯に帰宅してしばらく昼寝をしたあと、夕刻近くになって改めて職場に出てきて仕事をするという伝統的なワークスタイルのことです。

スペインやフランスの人は、このシエスタがあまり長くなりすぎないよう、ランチ後の昼寝タイムの前にコーヒーを一杯飲むことで、15分後には確実に目覚められるようにしているのだとか。参考になりますね?!

CHAPTER

4

集中力のコツ

PART
1
メンタルのコツ編

「自分には集中力がある」「最近、集中力が落ちている」など、みなさんよく口にすると思いますが、そもそも集中とはどんな状態か、考えてみたことはありますか？

じつは心理学の世界においては、「集中」というものはないとされています。あるのは「注意配分」だけ。つまり、**必要なものに、必要なだけの注意力を振り向けられることが大事なのであって、集中とはその配分がうまくいった状態のことなのです。**

たとえば、ひとつのプロジェクトを完遂するためには、いろんな方面に気を配らなければなりません。ひとつのクライアントばかり気にかけていたために、全体がうまくまわらなくなって失敗した、などの経験がある方は多いのではないでしょうか。

こういった場面で必要とされる「集中」とはすなわち、必要な箇所にしっかりと注意力を配分できる、ということです。

生物として考えても同様です。たとえば狩りをするとき、目の前の獲物にばかり気をとられていたら、背後から別の敵に襲われて命を落としかねません。一点に集中することが危険な状態を導く場面は、自然界でも珍しくないのです。

他方では、もちろん、一点のみに集中することが必要な場面もあります。たとえば研究職の人たちは、こちらのタイプの集中、いわゆる、一点に注意を向けることを意味する「没頭」を求められるシーンが多いでしょう。

重要なのは、そのときの課題の性質に応じて、注意力をうまく配分するか、あるいはあえて一点に絞るのか、考えることです。

また、気をつけるべきは、配分だけではありません。注意力を振り向けるタイミングも重要です。

たとえば、何かを失敗してしまったとしても、次のミッションが迫っているときであれば、振り返っている場合ではありません。すぐに気持ちを切り替えて、今目の前にあることに注意力を振り向ける必要があります。

どこに注意を振り向けるかということも大切です。他の人と意見をすり合わせなければいけない場面で、自分の内面、つまり己れの考えにばかり注意を向けていたら、うまくいくはずがありません。

POINT OF CHAPTER

つまり、それぞれの場面において、どんなタイミングで、どの部分に、どれだけの配分で注意を振り向けるかを的確に判断できることこそが、私たちにとって必要な「集中」なのです。

自分をうまく集中に導きやすくする方法も、いくつか覚えておくといいでしょう。

たとえば、決まった課題に取り組むとき、集中しやすくなるような作業手順（ルーティン）を決めておくこと。

あるいは逆に、いつも自分が集中できなくなるのはどんなときか考えて、集中を妨げる特定のものごとを避けるようにすること。

自分の視線をコントロールして、集中を導くこと。あるいは、周りの音、聴覚に集中して集中力を高めること。

こういったさまざまな工夫によって、集中力をうまくコントロールできるようになれば、どんな状況においても、冷静に注意配分を考えられるようになり、いわゆる「本番に強い自分」をつくることができるようになるでしょう。

CHAPTER.4

1 集中のタイプを4つに分けて考える

一口に「集中」といっても、人によって受け取り方はさまざまですし、時と場合によって、それに応じた集中の仕方が求められます。一概に「一人になれば集中できる」「静かでありさえすればOK」というものではありません。

ここでは「集中」を、スポーツでよく使われる二つの軸で分類します。

二つの軸とは、「対象の広がり」と「注意の向き」です。

「対象の広がり」は、「一点に集中する↕より広い範囲に注意を向ける」という軸。集中というと一点に絞るイメージがありますが、四方八方に気を配ることも集中です。

サッカーでいえば、ボールだけではなく、敵味方のポジションにも気を配らないと、いいパスワークはできませんよね。同じサッカー選手でも、ストライカーか、ミッドフィールダーか、キーパーかによって集中の対象の広がりはもちろん異なります。

一方、「注意の向き」は、「自分の内面に向き合う↔自分以外の対象に注意を配分する」という軸です。

自分の中だけで深く思考するときもあれば、チームで議論するときに部下の様子に気を配るということもあるでしょう。両者の向きが違うことは明らかですよね。

この2軸で考えると4タイプの集中があることがわかります。

①ひとつのことを自分の内面だけで完結する
②広い範囲のことを自分の内面だけで完結する
③ひとつのことを多くの人とともに取り組む
④広い範囲のことを多くの人と取り組む

この「集中のタイプ」によって、使う能力や求められる環境が変わってきます。メンバーを集めるのか、一人作業なのか。静かな環境なのか活気のある環境なのか。

この選択を誤ると、集中できないために、本来発揮できるはずのパフォーマンスも発揮できなくなるのです。

CHAPTER.4

2 仕事を4つのタイプに分類する

では、あなたの今の作業は、どのようなかたちで集中するのが適しているでしょうか。先ほどの４つの集中のタイプにもとづいて考えてみましょう。

たとえば、ビジネス書を書くという今の私のような作業。これは、明らかに前項①の作業です。すなわちひとつのことに集中して、自分の感覚のみに注力します。このタイプの「集中」は、完全な個人作業ですので、どこかにこもったり、自宅でも家族が寝静まっている時間帯に作業したりするのが向いています。

たとえば、作戦参謀や秘書、社長補佐のような作業。気を配る方向は多岐にわたりますが、基本的には自分で完結しています。これは前項の②のタイプの「集中」にあたりますね。電話やメールなどの連絡手段があればほぼ一人で完結するものでしょう。

ではチームで行う作業はどうでしょうか。目的が明確にひとつで、関与するメンバーが多いのは、前項③の「集中」でした。顔を合わせながら、ひとところで一気に作業をまとめてしまう、というのが向いています。ただ、その中にも細かいレベルで①のようなタスクは含まれていますので、そのようなタスクは一人で別の場所で行う、という仕訳が必要です。

最後に前項④のような、「広い範囲のことを多くの人と取り組む」プロジェクトマネジャーや経営者、大組織のリーダーなどの仕事は、やはり多くの人と話せる環境であちらこちらに動き回りながら物事を前に進めていく必要があります。そして、これも立派な「集中」です。

このように見ると、集中作業が必要な場面で、安易に「いいから会社に出てこい」と決めつけたり、逆に何でもかんでも「私は一人作業が向いています」と自宅に引きこもったりというのは、仕事の効率面の観点からはおかしな議論であることがわかります。

CHAPTER.4

3 ルーティンをつくる

スポーツの世界での「ルーティン」は有名ですね。

野球のイチロー選手の、球場に入ってから試合までの一連の準備や、ラグビーの五郎丸選手のゴールキック前のルーティンなどを記憶されている方も多いでしょう。

英語のRoutine（ルーティン）は「日常の仕事」「型にはまった所作」などの意味がありますが、語源はフランス語や英語で、「そこに至る道筋」を意味するRoute（ルート）という言葉に由来します。

スポーツの世界では、「集中に至る道筋」の意味でルーティンという言葉を使っています。五郎丸選手もあの独特の所作を行うことで集中を意図的に引き出しているわけです。

これはビジネスの世界でも応用できます。

たとえば、日々の出勤後のシーンをイメージしてみてください。

今はフリーアドレスの会社が増えていますが、会社に行って座る席を選ぶことであったり、作業に入る前にコーヒーを入れて、ペンを右側に置いて、この位置にPCを置いてという一連の作業であったり、自分自身の作業が集中できるようなルーティンを発見してみてください。

また、より詳細に場面を想定してもいいかもしれません。プレゼンの前にはこういう動作をするとか、企画書作成の前にはこの流れで準備をする、というようなものです。

一度うまく「集中」まで持っていけたときの流れを再現してみるといいでしょう。繰り返し試してみて、「この動作はいらない」とか「これは加えてみよう」と少しずつ精査することで完成形に至ります。今まで無意識にやっていたことを意図を持ってかたちにする、ということですね。

2015年W杯のときの五郎丸選手のあの有名な型も、メンタルコーチと話し合いながら長い時間をかけて完成に至ったものだそうです。

CHAPTER.4

4 邪魔するものを洗いだす

みなさんは、本来、集中して作業を続けなければならない状況であるにもかかわらず、気がついたら他のことをしていた、という経験はありませんか。

私の場合、つい集中が途切れるとネットの情報を検索したり、ＳＮＳをながめたりして、本来やらなければならないことがまったく進まないまま時間が過ぎてしまっている……というのが、よく陥るパターンです。

これらの例以外にも、集中を妨げる阻害要因はたくさんあるでしょう。

まずは、**やらなければならないことに集中するための環境を整えるために、集中の障害になりそうなものを洗いだしてみましょう。**

たとえば、暑いとか寒いなどといった気温のことも関係があります。気を散らす人物の存在や雑音などの原因が集中の妨げになることもあるでしょう。

スマホやインターネット等の誘惑なども、冒頭の私の経験の例にもあるように、集中を途切れさせる大きな要素のひとつです。そういったものをまず洗いだし、対応策をとります。

気温対策なら空調や服装で対応する、音や人なら耳栓をしたり場所を変えたりする、スマホであれば視野に入らないところに片づけておくとか、インターネットに接続していない状態のＰＣで作業するというかたちです。

高校時代のことです。クラスでビリの成績をとったことを機に、私は何を思ったか、「クラスで一番になる」という目標を決めたことがありました。そのときに最初にやったのが、机に向かうための集中を妨げる原因を洗いだすことでした。そして最大の要因としてテレビの誘惑が上がったのです。

そこで、クラスで一番になるまでテレビは見ない、と決めて実行しました。すると、それだけで大量の時間が生みだされたのです。目標達成までにさほど時間はかかりませんでした。同時にいかにシンプルな要因がインパクトが大きいかを学びました。

集中を妨げる疎外要因からの逆算アプローチに目覚めた瞬間でした。

CHAPTER.4

5 身体ごと相手のほうを向く

人間の身体には自然な状態と不自然な状態があります。

首や腰をひねった状態を続けるのは、あまり自然な状態ではありません。**不自然な姿勢は集中の妨げになります**ので、人の話に集中したい場合は当然、目だけ、首だけを話し手に向けるのではなく、身体ごとそちらに向けて話を聞きましょう。

しかしこれは、単純に自分の身体の姿勢の問題だけではなく、じつは会話の中身をより充実させ、集中できるものに変える効果もあります。

もちろん、身体や首をひねった状態は相手に失礼にあたる、という考え方もありますが、これは礼儀や心構えの話だけではないのです。

私は仕事柄、講演やセミナー、講義など、人前でお話しする機会がよくあります。通常そのような場合、聞き手が話し手を評価するものですが、意外なことに、話す側も、会場にいる観客の人たちのことを見ているものです。

そして、「あ、この人は自分の話を理解して聞いてくれている」とか「前向きな姿勢で聞こうとしてくれているな」などと観察しながら話しているのです。

その**判断基準のひとつが、身体ごとこちらを向いて話を聞いてくれているか、**です。

つまり、私の話を「腹で」聞いているかどうかということですね。

当然、「腹で」話を聞いてくれている人に向けて話をしたいと思うのは人間の心理です。

さらにはその人向けのサービスをしたい、とさえ思ってしまいます。

結果的に情報の質や量、自分向けにアレンジされた特別情報などの恩恵にあずかるのは、身体ごとこちらを向いて「腹で」話を聞いてくれている人です。

集中とは、自分本人が主体になるものであるのは間違いありませんが、周りの人とともにつくりだすものでもあるわけですね。

CHAPTER.4

6 下を向く

目線の動きを見て人の心理状態を連想することはよくありますよね。

昔から、「目をそらすのは後ろめたい証拠」「嘘をごまかすとき、人は上目使いになる」などといわれます。

かくいう私も、記憶をたどったり、人が言ったことを理解しようとしたり、空想したりするときに上を向いて考える傾向があるという自覚があります。これについて私は、自分の脳の中を探索するときには、目が頭の中を探そうとするのだろうな、というくらいの理解でとらえています。

逆に、意図的に目をそのように動かしてみると、空想したり記憶をたどったりする準備が身体の側からできるような気持ちになるものです。

ＮＬＰ（神経言語プログラミング）という心理療法で、「アイ・アクセシング・キュー」

という考え方があります。人の目の動きと脳の動きの関係を説明しているものですが、その中で、**目を下に向けているときは、自分の過去の体験を思い出していたり、自分自身と向き合ったりしている状態である**といわれています。あえて下を見ることで、集中が可能になるということです。

実際に今やってみてください。かなり集中できる感覚になりませんか？外からの視覚的な刺激がなくなると同時に、何か自分の中に探しに行っているような感覚になるから不思議です。

前段で触れたように、上を見るときは、新しく何かをひらめくようなときとか発想を広げるときなどです。いわば発散系。

一方この下を見る行為は、内省的な思考や詳細を詰めるようなとき、すなわち、集中したいときに向いているというわけです。

自分のアイデアに集中して向き合うときには、まずは意図的に下を見てみることで、身体のほうも準備を整えてみましょう。

CHAPTER.4

7 目を閉じて音に集中する

CHAPTER3「リラックス」の中の項でも触れましたが、人間は、五感の中ではどうしても視覚に頼りがちです。そこで、ここでも目から入る情報を断って音だけに注意を向けることで集中力を養うという手法を紹介します。

これはアメリカ合衆国オリンピック委員会のサイコロジストであるピーター・ハバール博士が主導してオリンピック選手の指導に取り入れている手法でもあります。

特にオリンピックにかかわる試合の出番前のような、あれこれ考えてしまいがちな状況の中でも集中するための取り組みとして、目を閉じて音に集中してみるという手法を実践しています。

彼は **「音だけに集中する自分の状態をつくれ」** という表現をします。

たとえば自宅であれば冷蔵庫や換気扇の小さな音であったり、遠くを走る車、鳥の声や川の流れる音などの自然音など、目を開けていると気がつかないような音に対して集中してみます。オフィスであれば、少し離れたところにあるプリンターや自動販売機、プロジェクターや誰かの足音、キーボードの音などが聞こえてきます。

ポイントは人間の声や言葉以外の「音」に絞ってみることです。

実際にやってみると、最初は複数の音が聞こえてきたのに、次第にその音だけが聞こえてくるようになります。そしてそのまま目を開いても、その音に集中していられれば成功です。

これを繰り返しやってみると、集中するまでの時間が短くなるのを感じるはずです。

また、続けることで、集中した状態の自分がより身近になり、イメージでいうと「集中筋肉」のようなものが鍛えられてくるのが自覚できるでしょう。

地味ですが意識して集中の「基礎体力」をつけておくことで、いざというときのパフォーマンスがまったく変わってきます。

CHAPTER.4

8 100マスで鍛える

100マス集中ドリルをご存じでしょうか。

これは、図3のようなランダムに並んだ数字を00から順に、01、02と昇順に見つけていき、99までを数えていくシンプルなドリルです。

これをどれだけ速くできるかを競うと、より集中力を養うことができます。実際にやってみていただくと、効果はすごく実感できます。単純に一つひとつ追っていくだけでは時間が足りません。次へ次へと広い視野で追っていく必要があります。

2分間でいくつまで探せるか、という観点で315名の被験者への実験にもとづく次のような5段階評定の目安データもありますので、ご参考まで。

1は9個まで/2は10〜16個/3は17〜22個/4は23〜28個/5は29個以上
スコアが高いに越したことはありませんが、ここでの主目的は集中力を養うことです。そのことを頭に置きながら、ぜひ活用してみてください。

図3 100マス集中ドリル

28	92	91	75	31	05	06	56	85	11
86	08	80	90	19	43	50	40	32	69
76	21	09	02	71	41	04	97	47	84
58	57	98	99	62	77	29	79	27	73
22	55	89	78	01	46	35	26	37	23
95	61	88	48	52	34	96	51	70	74
39	83	12	65	54	93	42	20	82	53
66	24	30	72	03	49	14	45	10	64
81	17	68	15	00	13	33	38	25	07
44	67	87	63	36	60	59	18	94	16

出典元　本文をもとに編集部作成

CHAPTER.4

9 集中の時間割を決める

トラブルに巻き込まれたり、失敗をしたりすると、人間はどうしても「今やるべきこと」に集中できなくなるものです。

たとえばバスケットボールの試合でフリースローに失敗した選手が、そのミスを試合時間中ずっと引きずっていては、本来の目的である「試合でパフォーマンスを出すこと」ができません。

この「フリースローに失敗した」という事実をいかに引きずらずに試合に集中するかがポイントです。ただし、とはいってもこの失敗自体を忘れてしまったほうがいいかというと、そうではありません。なぜ失敗したかの原因究明や、今後どうすればいいかという対応策を考えることも重要です。

この場合の正解は、**「試合後、今日中に必ず反省する時間を持つ。だから今は試合に集中する」という判断をする**ことです。

このように、失敗の中でも常に集中の優先順位判断を繰り返し行っているアスリートは、集中の「時間割」を決めることに慣れているともいえます。これは本書の冒頭で書いたオリンピック招致失敗のシーンが良い例です。

前頁のバスケットボールの例の場合は、本来の目的が試合で勝つことであり、フリースローの失敗についてはそれより優先順位が低いことが明確でしたが、実際のビジネスでは、この判断が難しい場合があります。見る人の立場によっても優先順位が入れ替わることがあります。

しかし、ちょっとした作業ミスや、意見の違いで上司と対立することはフリースローの失敗程度かそれ以下です。引きずるほどのことではありませんよね。

「集中」を生みだすためにも、「自分が今手がけている作業の究極の目標とは何か」を常に問い続けるという基本的な姿勢が、ここでも重要になってきます。

アスリートのように最優先事項を常に意識していることが、すべての判断の軸になります。シンプルですが、イージーではない基本中の基本要件だったりします。

CHAPTER 5

イメージのコツ

PART 1
メンタルのコツ編

「いつかこうありたい」と願う自分の姿や、目標を達成するまでの自分の経過を事前にありありと思い描くことによって、理想を現実のものとする。それが「イメージ」の力です。

よく知られるように、「イメージ」がもたらす力は、アスリートにとってもビジネスパーソンにとっても、大変重要なものです。

しかし、「イメージ」というのは一見簡単そうでいて、実際にやってみるとそうでもありません。どんなふうにイメージをしたらいいか、わからない人もいるでしょう。

まず、なりたい理想の自分がはっきり見えていなければイメージはできません。そういった場合は、先に紹介したセルフアウェアネスや目標設定に立ち返って、理想のイメージを洗い出すことが必要です。

漠然としたイメージしか描けなければ、真の実力発揮には結びつきませんから、まずはなりたい自分のイメージを、しっかりと掘り下げておくことが前提となります。

なお、自分の「成功イメージ」を描くときには、自分の視点ではなく、他者の視点で行うことがポイントです。

ちょうど、**自分が主人公の映画を観ているようなつもりでイメージしてみるとよいでしょう。**自分を客観視することによって、自分がどのようにふるまうと他人の目にはどう映り、影響力や説得力を増すことができるかということが、自然とわかってくるからです。

逆に、リスクヘッジのためのイメージをするときは、自分の視点で行います。たとえば、プレゼンの途中で取引先の役員が怒り出してしまったときにどう対応するべきか？　そういった場面では、自分が具体的に何を言ってどんなふうにふるまうか、己の視点でイメージできていないと、うわの空な対応しかできず、窮地に陥りかねません。

自分という人間から出力される言葉の影響力についても、しっかりイメージしておく必要があります。

流行りのビジネスワードを使うときにありがちなことですが、その語の本当の意味や、世間一般で使われている意味合いを知らないまま、自分独自の用法で使っていると、相手と話がかみ合わなくなるばかりか、相手からの信頼まで失ってしまうことがあります。

言葉の意味だけではありません。「自分では、絶対にこれが正しいと思うこと」や、「世間ではこれが絶対正しいと思われていること」についても、いったん立ち止まって、「本当にそうなのか？　もし違ったら、どうする？」とイメージしてみてください。

常に「これで、いいんだろうか？」と考え、疑い続けることによって、自分の考えについての説得力も増していきますし、より深い視点から物事を見られるようになるはずです。もちろん、ときには自分の間違いに気づくこともあるでしょう。こういった「自分の出力の影響イメージ」は、特に社会人になって間もないときには、そのこと自体が技術的に仕事の質を高めることになるでしょう。

その意味では、ちょっと視座をずらしてみるのもおすすめです。

あるひとつの契約条件が、クライアントにとってはどういう意味を持つのか？　自分の会社の中でも、他部署からはどう見えるのか？　というふうに、自分以外の視点でものごとを考えるうちに、新たな発見をできるものです。

自分の内外のイメージをうまく使えるようになると、今のあなたの思考ステージが上がり、より高く、広く視野を得ることができます。その経過の先にあなたの願う理想のイメージの自分が現実化します。

CHAPTER.5

1 「自分が主人公の映画」で成功イメージを描く

メタ認知能力という言葉をご存じでしょうか。

一言でいうと、「何かを認識している自分」を認識する能力です。

このメタ認知能力を活用する例として、「自分が何かを成し遂げたいときにはまず、成功イメージを描く」ということが挙げられます。

アスリートであれば、「完封勝利する」「満点の演技をする」シーン、ビジネスならば「プレゼンテーションを成功に導く」「新しい企画をやり遂げてメンバーで祝杯をあげる」といったシーンを思い描くのです。

そのシーンがより具体的であるほうが、成功への近道になります。**あたかも自分が映画の主人公になっているかのようにイメージ**できるくらいが理想です。

ビジネスでも「二度目は常に一度目よりも簡単である」と言われますが、実際に経験していなくても、それに近いシミュレーションをすれば、経験したのに近い「経験値」が加わることにもなります。そして、それは自信につながります。

アスリートが言う「イメージトレーニング」は、同じ効果を狙っているものです。

また、自分の評価をするのは難しくても、他人の行動はうまく評価できるのと同じように、映画の観衆のごとく、第三者的な視点で自分の行動を見てみることで、自分の成功イメージ実現に向けてやるべきことや課題も明確になります。

成功イメージがより具体的になることで、それを言語化できるようになります。そして言語化することによって、人に説明することが可能になります。

これがビジネスでよくいう「ビジョン」というものです。それが共感を呼んで仲間、すなわちCompany（カンパニー）を集めたものが「会社」の起源です。

成功イメージは共有されると、さらに大きな成果につながるわけですね。

CHAPTER.5

2 リスクをイメージする

成功を思い描くときには、第三者目線による客観イメージが有効という話を前項でしました。逆に、失敗を回避するためには、第三者目線ではなく、「自分目線」による主観イメージが有効に機能します。

アスリートの場合、この失敗回避イメージを思い浮かべる際には、「その瞬間の指先の動き、足の向き」といった微妙な身体感覚を伴う修正や調整が必要なので、それには主観イメージが向いているというわけです。

たとえば「プレゼン中に寝ている人がいる」「会議の相手がいきなりキレて、あなたに怒鳴りちらした」「突然ＰＣが動かなくなった」といった事態があったとすると、そこであなたがすべきことは、なんでしょうか。理想は冷静な対応ですよね。

「冷静」な状態をつくるには、とっさに心と身体を落ちつけることです。つまり心肺機能を落ちつかせ、筋肉の収縮を和らげること、さらに同時に、思考においても「焦るな」ではなく「さーて、ここはゆっくり考えるほうがいいぞー」とスローモーションで考えることです。**「実際は焦っているのに、思考をゆっくり行う」**わけです。

事態に直面したとき、こうしたとっさの判断をできるようになるために、あらかじめリスクをイメージして、対処行動をたくさん用意しておくことを、スポーツ心理学では、「心的準備」というそうです。アスリートはメンタルトレーニングにおいて、この部分を大変綿密に行うそうです。

ネガティブイメージを伴う想定は、成果にマイナスの影響を及ぼすという理由で消極的な立場をとっている方もおられるようです。しかし、ネガティブイメージを伴う想定とは、対応策を伴わずに「どうしよう、どうしよう」とグルグル思い描いてばかりいるようなこと。それでは悪循環です。結果として残るのは、自信をなくした自分だけです。

そのようにネガティブな気分にむやみにひたることをせず、リスクをイメージしたうえで対応策を具体化し、想定問答集のようなものをつくっておきましょう。

CHAPTER.5

3 共感力をつける

メンバー「すみません、2歳の娘が熱を出したので、今晩の飲み会は欠席します」
上司「え、どういうこと？　娘の熱と飲み会とどう関係あるの？　奥さんいないの？」
メンバー「え？『どう関係あるの』ってどういう意味ですか？」

これは一昔前に職場でよくあったストレスフルなやりとりで、家族優先が当たり前という価値観と、家族を犠牲にするのが当たり前という価値観のすれ違いです。

最近では経営の重要なテーマとして、「多様性」の尊重は常識になりました。

突き詰めれば、個人個人でそれぞれの考え方があるわけです。その個人個人の考え方を少しでも理解できるようになるためには、**日々、誰かの考え方をイメージするクセをつけてみる**のが近道です。

たとえば、街ですれ違った人が、緑の服にグレーのパンツをはいていたとします。「何故この人は緑を着るのだろうか?」「単に緑が好きなのだろうか?」「なぜスカートではなくパンツ?」「天候を意識してなのだろうか?」と想像してみるなど、相手のライフストーリーを思い描いてみるのです。

このイメージトレーニングは、相手への興味を掘り下げ、共感力の基礎となります。

車いすバスケットボールの男子日本代表チームは15歳から42歳までの年齢幅で、障がいを抱えるに至った背景もさまざま。スポーツの代表チームとしては特に幅広いため、この相手への共感力については強調してトレーニングしているそうです。

これは、常に変化が加速しているビジネスの世界でも当てはまる課題でしょう。

ダイバーシティの取り組みで挙げられる人種や性別、ライフステージだけではなく世代やワークスタイル、ライフスタイルごとの価値観といったものが多様化する中で、相手の考えを思い描くことはチームワークの基本になりつつあります。

CHAPTER.5

4 「感謝」のイメージ力を高める

イメージ力をさらに高めることで、今まで気にもならなかった人や、むしろ嫌で嫌で仕方がなかった人とのコミュニケーションが成立するようになることがあります。

たとえば仕事においても、「嫌なことを言うなあ」と腹立たしく思っていただけの先輩や上司、あるいは厳しいクライアントからのコメントなども、「一度そのとおりにやってみようかな」「こう考えると役に立つな」といった発想にたどり着きます。

あなたが、いわゆる「教えがいのあるヤツ」「コーチャブルな人材」になるわけです。またそういう能力を「コーチャビリティ（Coachability）」といいます。

「感謝」に対するイメージ力を高めるとコーチャビリティが高まります。感謝には4つの段階があり、その段階を上げていくことでよりイメージ力が高まります。

第一段階：直接お世話になった人への感謝。子どもの頃に教わる感謝です。対象は、たとえば学校の先生や給食のおばさん、小児科のお医者さんなど。

第二段階：直接は見えていないけれど間接的に支えてくれる人への感謝。社会性を身につけるとともに学ぶ感謝です。対象は、近所を清掃してくれている人、オフィスやＩＴ環境を快適に維持してくれている人たち、治安や環境、社会インフラを守ってくれている人たちなど。

第三段階：対立関係にある人への感謝。普通なら恨みつらみにしかならないだろうというような人への感謝。

第四段階：自分自身への感謝。たくさんある短所や欠点までも受け入れたうえでの、あるがままの自分への感謝。

多くの場合、想像力が必要になる第二段階を身につけるだけでも発想や行動が変わってきます。しかし第三段階に至ると、さらにあなたの行動に深みが増してきます。それに伴い、あなたのまわりに「応援団」ができはじめます。

そして、第四段階。偉業を達成したスーパーアスリートのコメントに出てくるような境地です。多くの人にとっても未知の領域ですね……

CHAPTER.5

5

言葉の意味を深くイメージする

「手ぶらで帰らせるわけにはいかない」「初めて自分で自分を褒めたいと思います」といったアスリートの名言、何度聞いても感動を呼びますよね。

言葉自体の表現のよさだけではなく、そのコメントが出てきた前後の状況を聞く人が理解していて、言葉にこもった気持ちや考えも含めて共感をするから、多くの人を引きつけるのでしょう。

ビジネスパーソンも、「一生懸命」「死ぬ気で」「徹夜してでも」などの気持ちを表す言葉や、「シナジー」「スケールメリット」「イノベーション」といった欧米由来のビジネス用語を言ったり聞いたりすることがあるでしょう。

これらに慣れてしまうと、つい本来の言葉の意味を深く考えずに、雰囲気でなんとなく使ってしまうことがあります。

そこで一歩深めて、**これらは本来どういう意味なのかをイメージしてみてください。**

そうすると最初に感じることは、「気軽には使えないな」というものでしょう。

そして、イメージを深めて、それでもこれらの言葉を使いたいと思えるようになったならば、自身の行動が変わったり、相手に対する説得力が増したりするのです。

さらには、さまざまな状況で人が言っていることが違って聞こえてきたりするようになるから不思議です。


企業などのリーダーが「命がけで」とか、「誠心誠意」という言葉を発することがあります。「ああ、いつものフレーズだな」と聞き流すのと、「この人、この目標を達成しなければ、本当に死ぬんじゃないだろうか」という覚悟で聞くのでは、発言者の行動を見る目も変わってくるでしょう。

一方、命にかかわるような病気や怪我の経験がある人は「死ぬ気で」という言葉は使わないそうです。代わりに「生きる気で」やるのだそうです。

「死ぬ気で」という言葉も本気で使ったら迫力のある言葉ですが、強烈な経験をしたり、今もそれと闘っている人にとっては、決して安易に使えない言葉なのです。

言葉のイメージを深めた結果、行動に迫力が伴ってくる良い例です。

CHAPTER.5

6 逆の発想をイメージする

たとえばチームで仕事をしているとき、全会一致の雰囲気になっているにもかかわらず、なぜか自分だけ違和感を感じるときはありませんか？

そして、その違和感が後に的中して、チームの方針が間違っていた、うまくいかなかった、などの結果になったとしましょう。でもそれは後の祭り。皆が暗い空気に包まれているときに、「じつはあのとき、悪い予感がしていたんだ」などと口走ろうものなら、おそらくあなたはチームメンバーから相手にされなくなるでしょう。

この話のポイントは、単に「違和感があったら言いましょう」ということではありません。大勢を占めている発想とは別の視点でイメージするクセをつけて、実践してみましょうということです。違う言い方をすると、**全会一致で物事を前に進めようとしている大勢の側にいるときにこそ、「これが『そうではなかった場合』、どうだろう？」とい**

うシミュレーションをしてみることが重要であるとお伝えしたいのです。

私の尊敬するあるエグゼクティブの方は、提案書や報告書ができあがる頃に「じゃあ、あえてここで『What If Question（もし仮に○○だったら問答）』してみよう」と言って、自分は思ってはいないものの、「こう考える人がいたらどうだろうか？」「違う発想の人がいたらどう反応するだろう？」といった想定問答を行う習慣を持っていました。

それをすることで、提案や報告の内容がより高品質になったり、自信を持てるようになったりするのです。

たとえば、とある企画を前に進めることで、自分たちには大きなメリットがあることがわかったとしましょう。そのとき、あえて「これを進めることによって仮に不快になる人はいないか？」「害を被る人はいないか？」ということをイメージするのです。

そこで想定される状況がいくつか思い浮かべば、視野を広げたり、今からそれに備えたりすることもできるのです。

CHAPTER.5

7 「○○さんの視点」でイメージする

発想の転換というテーマで前項では事象に注目しましたが、ここでは人に注目してみましょう。

「○○さんの視点」で考えてみると、自分の行動はどう見えるだろうか、この仕事の進め方はどう感じるだろうか、とイメージするのです。

経験を積むと視野が広がり、視点が増えていくのは、皆さんもご存じのとおりです。先輩になる、上司になる、夫・妻になる、親・祖父母になるといった経験がものの見方を変えていくわけですが、これを実体験ではなくイメージでカバーするのです。

アスリートでいえば、対戦相手の視点を持つことが試合の戦略を考えるうえで大事ですが、さらにプロアスリートになると、メディアやサポーターの求める選手像という視点から自分の言動をイメージし、戦略的にセルフプロデュースしていくのだそうです。

ビジネスであれば「顧客視点」「ユーザー目線」などとよく言われます。

日頃当たり前のように使っているこの言葉も、**一歩深めてその人になったつもりで考えてみると、自分目線だけでは理解できなかったことがわかったり、解決できなかった問題の糸口が見えたりします。**

マーケティングやデザインシンキングの手法でも、「ペルソナ」という想定人格をつくって、この人なら何を考えるのだろうか、どういう行動をとるのだろうか、という視点で議論することがあります。ここでのポイントは二つあります。

①「上司のAさんだったら」「同僚のBさんだったら」「クライアントのCさんだったら」どう考えるかなど、より具体的に実在する人物を想定する。
②自分目線で「あの人は」と想定するのではなく、その人になりきったつもりでイメージする。

こうすることで、「普通」とか「常識的に考えて」という自分目線が消えて、新たな発想が生まれる可能性が広がります。

CHAPTER 6

セルフトーク
～自分と対話するコツ

PART 1 メンタルのコツ編

人は何か考えごとをしているとき、いつだって自分との対話(=セルフトーク)をしています。このセルフトークが、あなたの行動を大きく左右しているのです。

自分が心の中で感じていることが、いかにあなたの行動に影響を及ぼすか。そのことは、みなさんも実感したことがあるのではないでしょうか。

たとえば、型にはまらないポジティブなセルフトークは、自分の自信を高め、集中力をアップし、あなたの能力を最大限に引き出してくれます。

まずは、そういった自分のセルフトークが自分の「気分」をつくるということを、十分に意識してください。そして、ただ自分の気持ちを確認するだけでなく、「行動につなげるセルフトーク」を心がけるとなおよいでしょう。

セルフトークの使い道を自分で知っておくことによって、より効果的に「自分の気分をつくる」ことができるようになるのです。

なお、ネガティブシンキングは一般によくないことと思われがちですが、自分に対するネガティブシンキングはエネルギーの源にもなり得るので、うまく活用してください。

たとえば、「どうして自分は、あのときこれができなかったのか? バカじゃないか?」

などといったネガティブなセルフトークこそ、自分の能力アップのためには欠かせないと断言する人も多いからです。

ただし、「この上司はバカだ」、「この部下は使えない」といった**他人に対するネガティブセルフトークは何の得にもなりません**。それはたいていの場合、あなたの思い込みから来ているものだからです。あなたが向き合うべきは、そういったあなた自身の思考です。

「自分の気分を実況中継する」というセルフトークもおすすめです。今自分がどんなストレスを感じはじめているかということに、より早く気づくことができて、とるべき対処行動を考えやすくなるからです。

それからこれはちょっと変わったセルフトークですが、「自分の身体のパーツと対話する」ということもぜひやってみてください。

たとえば、姿勢が悪くなってきたときに、自分の骨盤や背筋と対話してみると、休憩が必要であることに気づいたりする——つまり、**身体がそのときに必要な行動を教えてくれる場合がある**のです。

なお、「ポジティブ」という言葉についても、今一度考えてみる必要があります。

自分ではポジティブのつもりだけれど、じつはただのオプティミズム（楽観）ではないか？　そんなふうに、自分に問うてみてください。もちろん、オプティミズムが必要な場面もあるのですが、建設的な行動につなげたいときはオプティミズムではなく、もっと主体性を伴ったポジティブであることが必要です。

さらに、何がポジティブであるかという認識は、人によって異なることも知っておく必要があります。一般的にはネガティブに受け止められるような言葉でも、相手が大切にしている価値観に照らすと、ポジティブであることがあります。

「そのときのシチュエーションや相手によって、何がポジティブな言葉であるかは異なる」ということを知っていてこそ、真に有効なポジティブなセルフトークを意識的につくれるはずです。

CHAPTER.6

1 ひとりごとで行動を変える

悩みやストレスなどが頭の中の大半を占めているとき、人はひとりごとを言うことがあります。誰に話しかけるというわけではなく、多くの場合、ひとりごとは一人のときに始まるものです。

私も感情を溜め込みすぎないためにも、ひとりごとで発散することがあります。たいていの場合、周りに心配をかけたり、伝染させたりしないために、風呂の中で完全に一人になったときに言います。

ひとりごとを言うこと自体は悪いことではなく、むしろ効果のあることです。ただ、少し配慮が必要です。なぜなら、じつはこの**ひとりごとの「発言内容」が、その人の気分や姿勢を変える**からです。

なにしろ、自分の言葉を一番近くで聞いているのは自分の耳ですから、最も影響を受けやすいのは自分ですよね。

「どうせ自分なんて」「あーっ、だめだ」などといったひとりごとは、それだけで終わらせると、ますます自分が望まない「どうせ」「だめ」な方向の過去の記憶が脳裏に浮かび、自分自身をマイナスの方向に進めてしまう危険があります。

そこで、ひとりごとにちょっとした工夫を加えるのです。

「だめだ」「面倒くさい」「どうせ……」とひとりごとを言ったら、それに続けて、行動につながる言葉を意図的につぶやいてみるのです。

たとえば、「だめだ！ ……うん、でもなんでダメなんだっけ？ 何かやれることとなかったか？」「面倒くさいなあ。で、面倒な原因はなんだ？ あいつか？ これか？ 具体的に思い出そう」といった具合です。感情をただ垂れ流すのではなく、それらを言語化しながら小さい袋に仕分けていくような感覚です。

このように、「今」に停滞している自分を客観的に語ることで、意識が未来に向き、悩みを解決する方向に気持ちが向かうようになります。

そして「じゃあ、まずこうしてみるか！」「気にしても意味がないってことか！」などと、行動を起こせるようになるのです。

CHAPTER.6

2 自分にネガティブな感情を持つことを許す

昨今、「ポジティブであれ！」「ネガティブシンキングは良くない」というメッセージにあふれています。これが行きすぎると、ネガティブな気持ちを持つこと自体が悪いことのように感じられ、「ああ、自分はなんてネガティブなんだ」と、さらにネガティブサイクルに入っていきかねません。

でも、何かうまくいかないことがあったときに暗い気持ちになったり、外部からの刺激に対して防衛的になったりするのは、生存本能から考えても自然なこと。うまくいっていないのに喜んだり、何でもかんでも受け入れたりするほうが危ないです。

ネガティブ思考の問題のひとつは、そのつらい状況を誰かのせいにしてしまうことです。

くり返しになりますが「心理学に受動態はない」という有名な言葉があります。すなわち**「あの人のせいで嫌な気分にさせられた」**のではなく、単に**「あの人に対して腹を立てている自分がいる」だけ**なのです。ある刺激に対してどう考えるかは相手の問題ではなく、自分次第ということです。

ネガティブに考えることのもうひとつの問題は、その気分を放置してドンドン溜め込んでいくこと。未来に向けて何のためにもならないのであれば、考えるだけ無駄です。

「なんで自分はうまくいかないのだろう」「ああ、また今日も失敗しちゃった」など、ネガティブなセルフトークを持つことは簡単に避けられるものではありません。そのときの気の持ちようとして忘れてならないことは、**自分自身に対するネガティブな気持ちというのは、成長のための原点であり前進のためのエネルギーです。**

これがなくなった人には成長はありません。「今の自分より良くありたい」と思うからこそ、自分自身へのネガティブな言葉が生まれるのです。

ただ、そのネガティブなエネルギーを他人にぶつけたり、自分の中に溜め込んで引きこもったりしてしまうことが問題なのです。

ネガティブな言葉を持つこと自体を、前向きにとらえてみてはいかがでしょうか。

CHAPTER.6

3 自分の気分を実況中継する

友人や同僚の悩みを聞いたり、家族の問題を一緒に考えたり……そんな機会は誰にでもありますよね。

そういうとき、「悩むほどのことじゃないよ」「こうやって対応すれば、すぐに解決するじゃないか」などと思うこともあるでしょう。

これは、「第三者の視点で見れば大したことではなかった」とか「当事者になると事態を深刻に捉えがちになる」ということを示しています。

この心理を活用しながら自分自身の考え方をポジティブに変えていくために、メタ認知能力を活用したセルフトークが役に立ちます。

自分を主人公にして、実況中継をするようなイメージです。

「僕は今、こんなことで怒りはじめている状況です」

「お客様向けの資料を早くつくる必要があるのに、先延ばしにしている私がいます」

といったセルフトークです。

そうすると続けて、意外に冷静なもう一人の自分がコメントを返していくわけです。

「だったら、早く寝てしまえば良いんじゃないでしょうか」

「早くランチに行って、リフレッシュすればすぐ忘れるのにねえ」

「いいからまずは着手すれば、すぐ終わるのではないでしょうか。先週の資料も始めてみたらたったの15分でできたはず」

自分の性格や過去の思考、行動を世界中で最もよく知っている人、それはすなわち自分です。そんな自分から自分自身に向けたコメントが口をついて出てきます。

自分自身をメタ認知した自分が実況中継するわけですから、よくありがちな「君には僕の置かれた状況がわかってない！」とか「気楽でいいよね、あんたは。人の気も知らないで！」などという会話になることもありません。

一見困難に見える状況でも、自分で解決できるようになります。

CHAPTER.6

4

身体の動きで脳をポジティブに変える

表情を明るくすると気分も晴れるとか、前向きな言葉を話すことで実際に前向きに考えられるようになる、ということは、みなさんも経験済みのことと思います。

これは何も精神論や礼儀の観点から根拠なく言われていることではありません。

これまでも何度も出てきましたが、実際に、脳は身体の動きを支配しているように見えて、同時に身体の動きに大きく影響を受けています。

ここで、少し小難しい話をします。脳と脊髄を合わせて「中枢神経」といい、それ以外のすべての神経を「末梢(まっしょう)神経」といいます。

末梢神経は身体のあちこちに散らばっていて、内外からの刺激や動きなどから情報を収集する役割を担当しています。そして、もともと脳は、古代からの進化の過程で抹消神経の一部が発達してできたものです。つまりは、末梢神経と脳はつながっていて末梢神経の経験が脳をつくりあげていると考えてもいいわけです。

こう考えると、**脳の指令に従うだけと思われていた末梢神経の動きが、脳の動きに大きく影響する**ことがわかるのではないでしょうか。

姿勢を正しくすることで説得力のある資料をつくりあげたり、表情を和らげることでイライラを解消したり、机に突っ伏したくなるような気分のときになんとか姿勢を保って自分を維持したり。そういった自分の身体状態を意識するために「今、自分の姿勢や表情はどうなっているのかな？」とセルフトークで確認してみてください。

そして、もし正しい姿勢や明るい表情を保ったり、きびきびとした行動をとったりできなくなるほど身体的・心理的に疲れているとしたら、そこは無理せずに休んで、回復を目指すべきですよ、という身体からのサインと考えましょう。

そういった身体と脳の動きを言語化で意識してみましょう。

CHAPTER.6

5 単なるポジティブを「未来志向」に変える

「ポジティブな人」「ポジティブシンキング」などというと、皆さんはどんなイメージを持ちますか？

楽観的、楽天的、前向きといった言葉が浮かぶのではないでしょうか。プラスマイナスであればプラスの方向、明暗でいえば明るい方向の意味を持った言葉ですね。

一方で、私もどちらかというと「ポジティブですね」と言われることが多いのですが、その言葉の裏に、言外に「いいよね、おめでたくて」という空気が含まれているのをときどき感じることがあります。

辞書的な意味の解釈はさておき、何か嫌なことや難しいことに向き合ったときに私たちがとりがちな態度は、「とりあえず状況を肯定するトークをする」というものです。

たとえば「オッケーオッケー、多分なんともないよ」とか「たいしたことない、気にするな」という根拠のない楽観トークだけで終わってしまうものです。

これはまだ過去に気持ちが向かっていて、状況の改善にはつながりにくい状態です。確かに、「おめでたいよね」と言われても仕方がないレベルですね。

もちろん、このつらい状況を切り抜けるために、まずは前向きに捉えることはもちろん大変重要かつ、必要な要素です。しかしそれで終わらず、**では次に具体的にどうしよう、この状況で何かできることはないか**というセルフトークを意識的に考えることが重要です。

私はこれを「建設的」「未来志向」セルフトークなどと呼んでいます。

何かできることがある間は常に、「ポジティブ」を「建設的」「未来志向」という言葉に置きかえて具体案をセルフトークしましょう。

そして、いよいよやれることはすべてやった、というところまできたときにはじめて、根拠のない「楽観的」な気分を登場させる意味があるのです。

CHAPTER.6

6 相手と自分は同じ考えではない

ここまで、自分の内面に対するコントロールに注目してセルフトークの話をしてきました。流れ上どうしても外せないので、ここで例外的に「他者の」メンタルについて考えてみます。

自分が自分自身の感情をコントロールするというのは、実際には簡単ではないにせよ、自分のことですから、価値観の相違というものはありません。

しかし、スポーツでいえばコーチや監督、ビジネスでいえば上司やリーダーが、自分以外の誰かにポジティブな気持ちになってもらおうと思ったら、配慮が必要です。

よかれと思ってポジティブになれるような声がけをしたつもりが、まったく響かなかったり、悪くすると逆効果になったりすることさえあるのです。

これは、相手が持っている優先順位や価値観への理解がないときに起こりがちです。

たとえば、夜遅くまで働いているメンバーに対して「お、よく頑張ってるね。このあと一杯行こうか?」と激励のつもりで声をかけたのに、相手は心の中で「おいおい、この状況でさらにまだ会社に拘束されるのか」と考えている可能性があります。

逆に「もう、今日は帰っていいよ」という配慮も、「もっと貢献したいのに信頼されていないのだろうか」、あるいは「終わってないのに、よくそんな無責任なことを言えるな」という反応もあるでしょう。

他にも「余裕だね」という声がけは、「優秀だね」と「さぼっているね」のどちらとも解釈できますし、「一生懸命がんばってくれたね。お疲れさま」というのは言葉どおり受け止めて励みにする人もいますが、私の感覚では、疲れてもいないのにお疲れさまと言われるとエネルギーを吸い取られるようで、個人的にはとても嫌です。

このように**相手の置かれた状況や互いの信頼関係によって、伝えるべき言葉は変わってくる**ものです。相手のことをよく知ることが前提となるわけです。

そのためには、日頃から、「言葉が人に及ぼす影響」を自分で試しながら学んでいくことが重要であるということはいうまでもありません。

CHAPTER.6

7 感情を言葉にしてみる

「何回言ったらわかるんだ！」「この忙しいときに、次から次に問題起こしやがって……」などと腹を立てたり、イライラすること、職場では日常茶飯事ですよね。

これ、思っているだけではなく、一度言葉にして自分自身に発してみましょう。

言葉にすることで、「気分」にすぎないその感情を、脳の中でも不快感や不安感を受け持つ「扁桃帯」から、論理性を司り解決策の立案やその実行を受け持つ「前頭前野」に移動させることができます。

そうすることで、冷静に「じゃあどうするか？」というセルフトークに移行できるため、解決の糸口がつかめます。

そして、感情の理由をさぐる準備ができあがるのです。

たとえば、私はこんな推論を言語化して考えてみたことがあります。

「自分はなぜ、イライラしているんだろうか？」

↓「あの人が嫌いだからイライラしているのだ」

「ではなぜ、あの人が嫌いなのだろうか？」

↓「論理性に欠けるため」

「ではなぜ、論理性に欠けるのが嫌なのか？」

↓「ビジネスの判断は論理的であるべきと信じているから」

「では、非論理的な人に、論理を説くことは論理的か？」

↓「非論理的である」

なるほど。自分が非論理的だったのか……。

こう考えるとイライラしていること自体がバカバカしくなってきますよね。

ここでのイライラの対処方法としては、論理的であることを期待しないこと……。

もし、この「感覚」を言語化（セルフトーク）しないまま溜め込んでいたら、メンタル面でのダメージははかりしれないものだったかもしれません。

CHAPTER

7

理想のパフォーマンスを生み出すメンタルのコツ

PART
1
メンタルのコツ編

さて、ここまで「セルフアウェアネス」「目標設定」「リラックス」「集中力」「イメージ」「セルフトーク」といった、メンタルのコツを学んできました。

では改めて、何のためにこういったメンタルのコツを学ぶことが必要だったのでしょうか？　それは、自分の能力を最大限に発揮するのに必要な「理想のパフォーマンス状態」を知り、それを維持していくためです。

理想のパフォーマンス状態というのは、心理的、身体的にどれだけ準備ができているか、ということと大きくかかわっています。そしてその理想の状態というのは、一人ひとり、その仕事内容や、個人の性質によっても異なります。

左ページは、理想のパフォーマンス状態を図で表したものです。人にはこのように、それぞれに最適な心的エネルギーゾーンというものがあります。心的エネルギーが高すぎず・低すぎず、最適なゾーンをキープするために、自分は何をしなければいけないか？ということを、私たちは常に考える必要があるのです。

もし、心的エネルギーが理想のゾーンより右寄りの（高すぎる）状態にあるなら、意図的にリラックスをしてエネルギーを落とさなければなりませんし、逆に左寄りの（低すぎる）状態にあるなら、サイキアップをしてエネルギーを上げなければなりません。

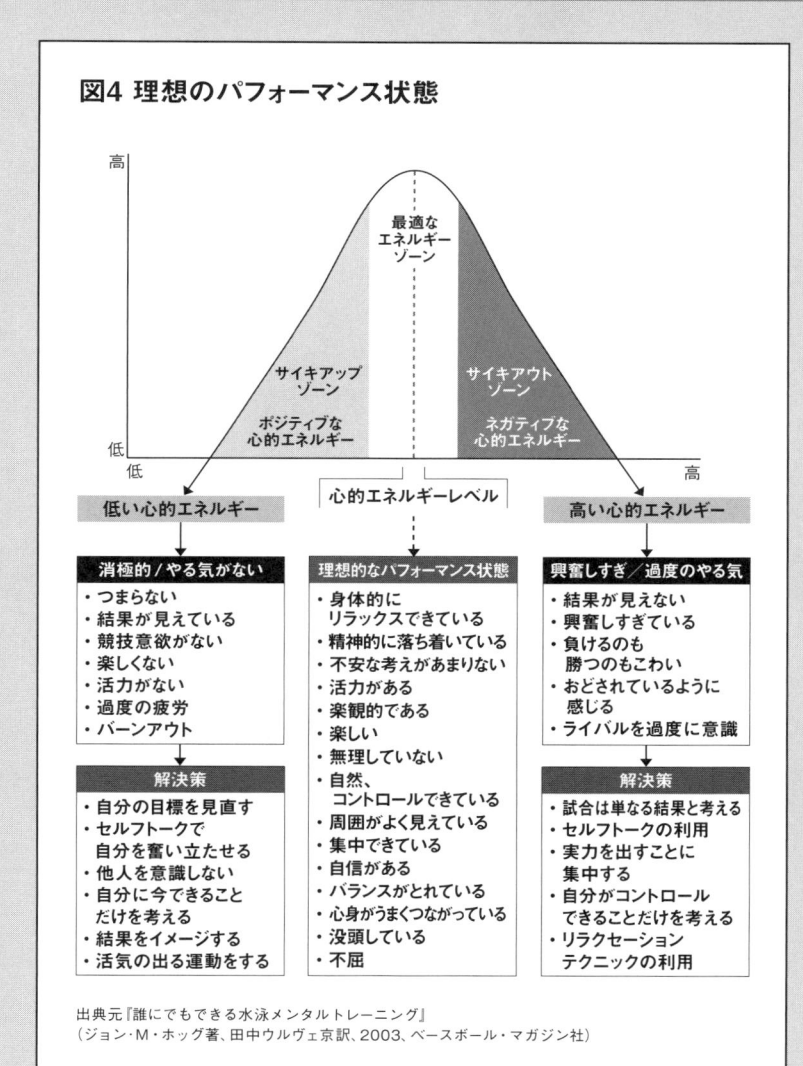

図4 理想のパフォーマンス状態

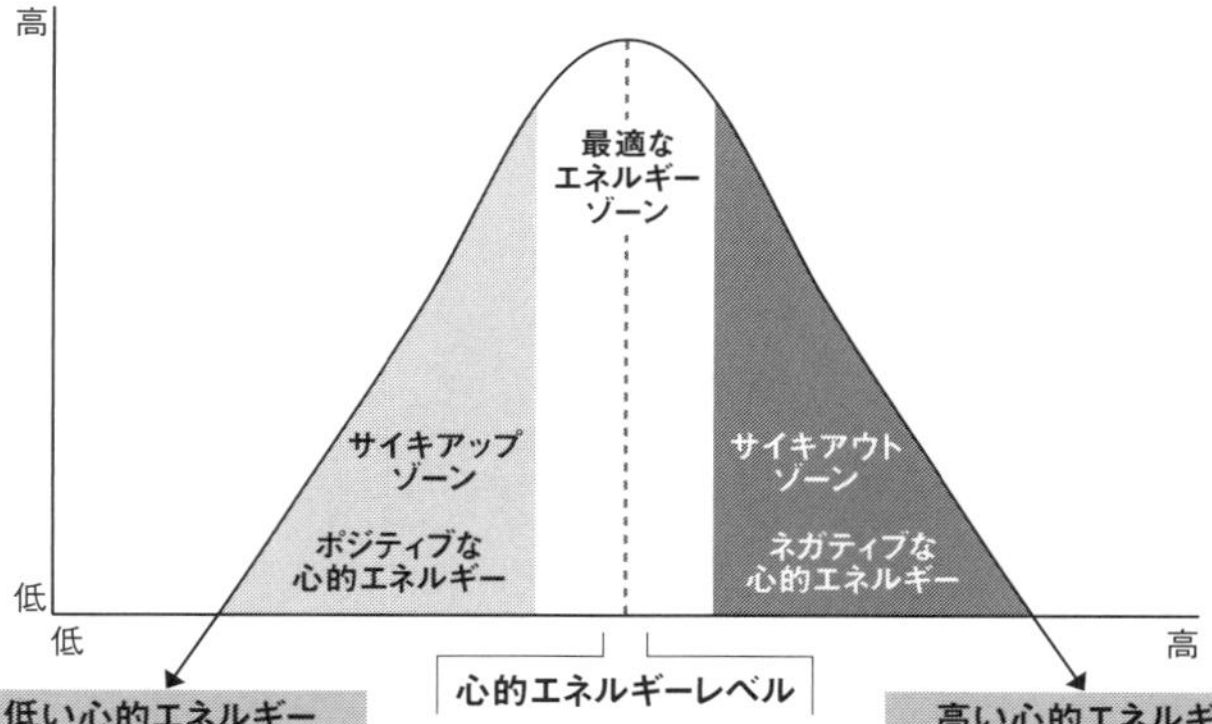

低い心的エネルギー

消極的／やる気がない

- つまらない
- 結果が見えている
- 競技意欲がない
- 楽しくない
- 活力がない
- 過度の疲労
- バーンアウト

解決策

- 自分の目標を見直す
- セルフトークで自分を奮い立たせる
- 他人を意識しない
- 自分に今できることだけを考える
- 結果をイメージする
- 活気の出る運動をする

理想的なパフォーマンス状態

- 身体的にリラックスできている
- 精神的に落ち着いている
- 不安な考えがあまりない
- 活力がある
- 楽観的である
- 楽しい
- 無理していない
- 自然、コントロールできている
- 周囲がよく見えている
- 集中できている
- 自信がある
- バランスがとれている
- 心身がうまくつながっている
- 没頭している
- 不屈

高い心的エネルギー

興奮しすぎ／過度のやる気

- 結果が見えない
- 興奮しすぎている
- 負けるのも勝つのもこわい
- おどされているように感じる
- ライバルを過度に意識

解決策

- 試合は単なる結果と考える
- セルフトークの利用
- 実力を出すことに集中する
- 自分がコントロールできることだけを考える
- リラクセーションテクニックの利用

出典元『誰にでもできる水泳メンタルトレーニング』
（ジョン・M・ホッグ著、田中ウルヴェ京訳、2003、ベースボール・マガジン社）

具体的には、たとえば、呼吸を意識するのもいいでしょう。心的エネルギーが理想のゾーンよりも高いときは、長く息を吐くことで心拍数を落とし、エネルギーを落としていきます。逆に、心的エネルギーが低いときには、息を短く吐くことを繰り返して、心拍数を上げてエネルギーを高め、理想のゾーンに近づいていくことができます。

自分のやる気を高めるカラーや、逆に落ちつきを得られるカラーを知っておくことも、心的エネルギーのコントロールには役立つでしょう。そのカラーの衣類を身に着けることで、心的エネルギーを必要に応じて、高めたり落としたりすることができるからです。

なお、理想のパフォーマンス状態というのは、そのシーンによっても異なります。たとえそれが自分にとっては理想のパフォーマンスであっても、そのとき他の人から求められている理想のパフォーマンス状態と異なれば、それは理想のパフォーマンス状態ではありません。

つまり、何がその場で求められる要件かということをよく理解していないと、理想のパフォーマンスを提供することはできないのです。

個人の性格によっても、理想のパフォーマンスは異なります。

普段から穏やかな人の場合は、少し興奮状態にしないと、理想のパフォーマンス状態にできないこともありますし、逆に普段のテンションが高い人は、少し下げたくらいがちょうどいい理想のパフォーマンス状態かもしれません。

さらに、その人の職種や、会社の中でのヒエラルキーなどによっても、理想のパフォーマンス状態は変わってきます。

さまざまな条件のもと、自分のパフォーマンスを最も良い状態に持っていくための行動をとれることを目指してください。

CHAPTER.7

1

うまくいった状態を知る

キャリアを重ねていくと、成功も失敗も含めて、経験は積み重なっていきます。

その一つひとつが今のあなたをつくっていることは間違いないでしょう。

その経験を、単に「良い思い出」「つらかった思い出」として終わらせるのではなく、継続的に高いパフォーマンスを上げ続けるために冷静に分析することは大切です。

ただ「うまくいった」「大変だった」という面だけに注目していては、単なる飲み屋での自慢話や苦労話になってしまいます。

そうではなくて、**なぜ当時うまくいったのか、どういう行動が失敗の原因だったたか**を自分なりに理解して、自分にとってのピークパフォーマンスの状態はどういうものなのかを分析しておく必要があるのです。

たとえば、私には、徹夜でプレゼン資料をつくったのに、そのせいで体調を崩して、プレゼンそのものがしどろもどろになった経験があります。それからというもの、「プレゼン前日は、資料のことよりも睡眠をしっかりとる」ことを肝に銘じています。

また、文章を書いたり戦略や方針を考えたりするのは、静かな環境で頭のスッキリした状態のときのほうが向いていると感じます。経験上、この手の作業は、早朝一人で集中してやったほうが品質のいいものが速くできるのです。

一方で、人と相談したり情報収集したりするのは昼間、職場でやるほうが速いのは間違いありません。

他にも、営業報告のときと提案内容を議論するときでは、同一人物であってもテンションは大きく違ったりするものです。また、ある医師によると、患者さんと面と向かって診察しているときと、手術に取り組むときとでは、メンタル面での緊張度は自分が別人格かと思うほどまったく違うのだそうです。

同じ職業でも場面場面でのピークパフォーマンスの状態は異なっているわけです。

あなたのパフォーマンスがピークにあるときは、どんなときでしょうか？

そのときの心理状態、環境、あなたのとった行動はどんなものだったでしょうか？

CHAPTER.7

2 立場に応じて、求められる期待値を知る

人はそれぞれ、時や場合に応じて、演じるべき役割をいくつか持っているものです。あるときは組織の中のリーダーであったり、あるときは組織を代表して部門横断会に出たり、クライアントに対応したりします。誰かに対して上司であるとともに、誰かの部下ということもあるでしょう。副業（複業）が普通になりつつある現代では、さらにいろいろな立場があると思います。

私自身も、会社員として仕事をし、会社を代表してクライアントに対する役割も担っています。大学院の教壇に立つこともあれば書籍の著者として講演やセミナーに行くこともあります。「出入り業者」としての扱いを受けることもあれば、「先生」として対応される場面もあります。誰かの相談に乗ったり助言したりする立場のときがある一方で、つらいときに誰かに相談に乗ってもらうことも当然あります。

そのとき、**それぞれの立場に対して周りから求められる期待値を理解しておく**ようにしています。

会社などの組織の一員としてリーダーポジションにあるときには、曖昧さを排除し、冷静でスピードを重視した意思決定が必要です。自然とテンションも高くなり、使う神経や頭も戦闘モードにあるはずです。

一方で誰かの悩みを聞くようなときに、「いいから、結論を早く教えて!」などと、社内で部下に接するときのようなスタイルでいては、相談相手としては失格です。それでは相手の期待値を満たすことはできません。そんなときは、気持ちも表情も落ちつかせて、脈拍もゆっくりの状態で相手の話を聞くのが望ましいのです。

ひとつの役割や場面で成功したパフォーマンスを、別の場面に当てはめても同じ結果が出るかというと、必ずしもそうではありません。

役割や場面ごとで、周りから求められる期待値をよく理解して演じ分けることで、それぞれのパフォーマンスを高いレベルで維持することができるのです。

CHAPTER.7

3 状況に応じてテンションを使い分ける

アスリートの世界では競技ごとに、ピークパフォーマンスに持っていくために適したテンションがあるといいます。たとえば、アーチェリーや射撃の選手は、心拍数も穏やかに、ゆっくりと落ちついた状態がベストですが、反面、サッカーやホッケーなどではある程度の興奮状態を必要とします。

これをビジネスに置きかえると、業界や職種によってテンションが異なるため、**高いパフォーマンスを維持するには、場に応じて使い分ける必要がある**ということになります。

たとえば、営業担当者は一般的に、社内でテンションが高くないと務まりません。一方で、そんな営業担当者をときにたしなめる必要がある財務や計画管理部門の人は、冷静にふるまうことで、淡々とその役割を果たします。両者がともにイケイケでは、会社が暴走するか、怒鳴り合いの対立が生じるかのどちらかになってしまいます。

一方でB2Bのビジネスであれば、普段はテンションの高い営業担当者も、相手となるお客様は管理部門であることが多くなります。冷静な人の前でハイテンションで振る舞うと、多くの場合「この人は、知性が足りないのではないだろうか？」という疑いをかけられやすくなります。

このような場合は、相手に合わせて冷静なふるまいを心がける必要があります。

もちろん、これに加えて個人特性も考慮する必要はあります。ノリノリの経理マンやクールな営業レディがいてもいいわけです。

ピークパフォーマンスの曲線が競技特性や個人特性ごとに異なるということを知っておけば、自分自身のパフォーマンスを発揮しやすくなるだけではありません。

他のメンバーと働くときにも、テンションが低いからといって「あの人はやる気がない」とか、ハイテンションの人を見て「○○さんは単なるお調子者だろう」といった決めつけをすることなく、それぞれの個性をふまえたチームパフォーマンスを発揮することができるようになります。

CHAPTER.7

4 呼吸の仕方を変える

私も若い頃、スポーツ（競泳）に打ち込んだ時期がありました。

レースの直前には、自分の持っている力を最大限に発揮するため、すべてをピークパフォーマンスに持っていけるように心がけていました。

当時一番困ったのが、どのあたりに自分の緊張感を合わせるべきか、という点です。

幼い頃から、緊張しないよう、気持ちを落ちつけようとしすぎたせいか、高校、大学へと進む頃には、飛び込み台に立って審判員が笛を吹いてもリラックスしたまま、という状態になってしまいました。

こうなるとまったくパフォーマンスが出ません。ピークパフォーマンスにはそれに合った「緊張感」、違う言い方をすると「脈拍」が必要です。

こうした例はじつは意外に多く、オリンピック選手でさえ「もっと緊張すると思ったけど、緊張しないまま終わってしまって後悔している」というケースがあるそうです。

スタート音が鳴り、身体を動かしはじめてからスイッチを入れていては、ピークに持っていく前にレースが終わってしまいます。

むしろもう少し緊張感が必要なので、お相撲さんのように手足を叩いて身体を刺激したり、その場でジャンプしてちょっとした運動をしてみたりしたのですが、最も手軽で効果があったのが、**「意図的に呼吸を速めてみる」**ということです。

ポイントは、浅く短い呼吸にすることですが、これを実際にやってみると、いわゆる「テンション」が上がってくるのを感じます。みなさんもぜひ試してみてください。

このテクニックは、場所や人目を気にしなくてよいことから、日頃の仕事の中でも気分を盛り上げていかなければならないときには有効です。

一方で、意見対立やトラブル対応などで「戦闘状態」が長く続きすぎているときは、**深く長い呼吸をすると、気持ちも身体も落ちついた状態に持っていくことができます。**この知恵も、冷静な対応や集中作業を求められるケースではとても有効です。

呼吸の状態とパフォーマンスの関係は意外に深いものなのです。

CHAPTER.7

5 ストレスを壁に流す

ハイパフォーマンスの状態をつくりだすために、いかにメンタル面を自らコントロールするかというのが、この章のテーマです。

その一環として、「気の持ちよう」とか「おまじない」（のようなもの）によっても集中を生みだしたり、ストレスを解消できたりすることにも触れてみたいと思います。

少々非科学的に思えるような取り組みでも、目的に応じた効果があって、自分のメンタルの状態が目的に向かって適切に準備できるのであれば、有効に機能するのです。

たとえば、ストレスが溜まったときに、壁に向かって両手をつけて、自分のネガティブなエネルギーを全部壁に送り込む、というイメージを頭に描きながら、グーッと壁を押さえつける、という人がいます。放電されるかのように、ストレスがすべて壁のほうに逃げていく、という感覚があるそうです。

私自身も、自己催眠のように「ストレスは水溶性である」と思い込むようにしています。今も継続的にプールで泳ぐようにしていますし、風呂やシャワーなどに入るだけでもかなりスッキリしたイメージを持つことがあります。

もともと軽い運動や入浴はリラックス効果もあるため、もしかしたら科学的にも合理的な考え方なのではないかと思っています。

とはいえ、これが万人に向いているとは思いません。プールに行くこと自体がストレスに感じる人もいるでしょうし、風呂は時間の無駄なので必要最小限に、と考える人もいるでしょう。

ここでのポイントは、自分にとって有効だと思えるストレス解消のイメージをいくつか持っておきましょう、ということです。

たとえそれが他人から見て「おまじない」にしか見えないモノであったとしても、（人に迷惑をかけずに）自分のメンタル面をコントロールすることができるのであれば、それは十分に有効な手段なのです。

CHAPTER.7

6 験かつぎをする

ちょうどこの項目を書く前日に、小池百合子東京都知事が駅で街頭演説されているのを見かけました。彼女の「勝負カラー」である緑色のスーツに身を包んでおられました。

これほど世間から認知されたものでなくとも、勝ったときのスタジアム入りの服をそのまま洗わずに着続ける野球選手とか、勝ったときにだけ髭を剃ることに決めているお相撲さんなど、「験かつぎ」をするアスリートはたくさんいます。

政治家の場合は、世間の認知を高めるセルフブランディングの要素がありますが、われわれビジネスパーソンは、どちらかというと、アスリートの「験かつぎ」的な意味でのとらえ方のほうが参考になります。

「験かつぎ」の効果は、**自分が自信や安心感を持てる環境をつくりだすことで、不安や弱気を払拭する**ことです。

私のまわりでは、「プレゼンのときは赤いネクタイ」と決めている人もいます。赤いネクタイの視覚的効果などは、一昔前のプレゼン本によく出てきて使い古された技ではありますが、要は、本人が思うように自分の気分を演出できさえすればいいのです。

他にも、「新幹線の移動は必ずD席」「勝負の日にはトンカツを食べる」、あるいは、「親や祖父母の形見を身につけることで、支えてもらっている気持ちになる」「信頼するセレクトショップの販売員の方に選んでもらった服を着ることで自信を得る」という人もいます。

もちろん、前提としてアスリートならば十分な練習に裏づけされた実力があること、ビジネスパーソンに置きかえれば、プレゼン内容そのものや商品知識などがあることが前提です。

中身がないのに験かつぎだけしても、単なる神頼みにすぎません。ただ、準備したものを生かすも殺すも、当日のあなたのメンタルの状態であることも事実です。

験かつぎをしてでも、メンタルの状態を勝ちパターンに近づけておくことも、重要な準備のひとつの要素なのです。

CHAPTER

8

感情をコントロールするコツ

PART 1
メンタルのコツ編

「感情」とは何か——ストレス研究で有名なラザルスのストレス研究を背景に簡単に説明するなら、それは、ある刺激に対して人が何らかの評価を自分の中でしてから起こる主観的な反応です。

私たちは「気分」と「感情」を混同しがちですが、両者はまったく別ものです。

気分（mood）は、「なんとなく憂うつ」など、それまでの時間経過でのさまざまな感情を包括して「○○な気分」と総称するもので、曖昧ですから、「気分をコントロールする」とは言いません。一方、感情はあくまで刺激への反応として湧き起こるものなので、スキルさえ身につければ、その反応はかなりコントロール、あるいは調整できます。

感情については、ラッセルの感情の次元理論をもとに説明すると理解しやすいでしょう。すでにCHAPTER1で河野さんが「感情の四象限」として紹介されているもの（37ページ図1参照）を、より学術的観点から説明します。左ページの図を見てください。

縦軸の（ドキドキ↕落ちつき）は、自律神経系の反応（交感神経↕副交感神経）と言いかえることができます。横軸の感情反応（マイナス感情↕プラス感情）と合わせて、感情は４つの象限に分けられます。

右上は交感神経が優位でプラス感情ですから、「楽しい」「うれしい」、左上はマイナ

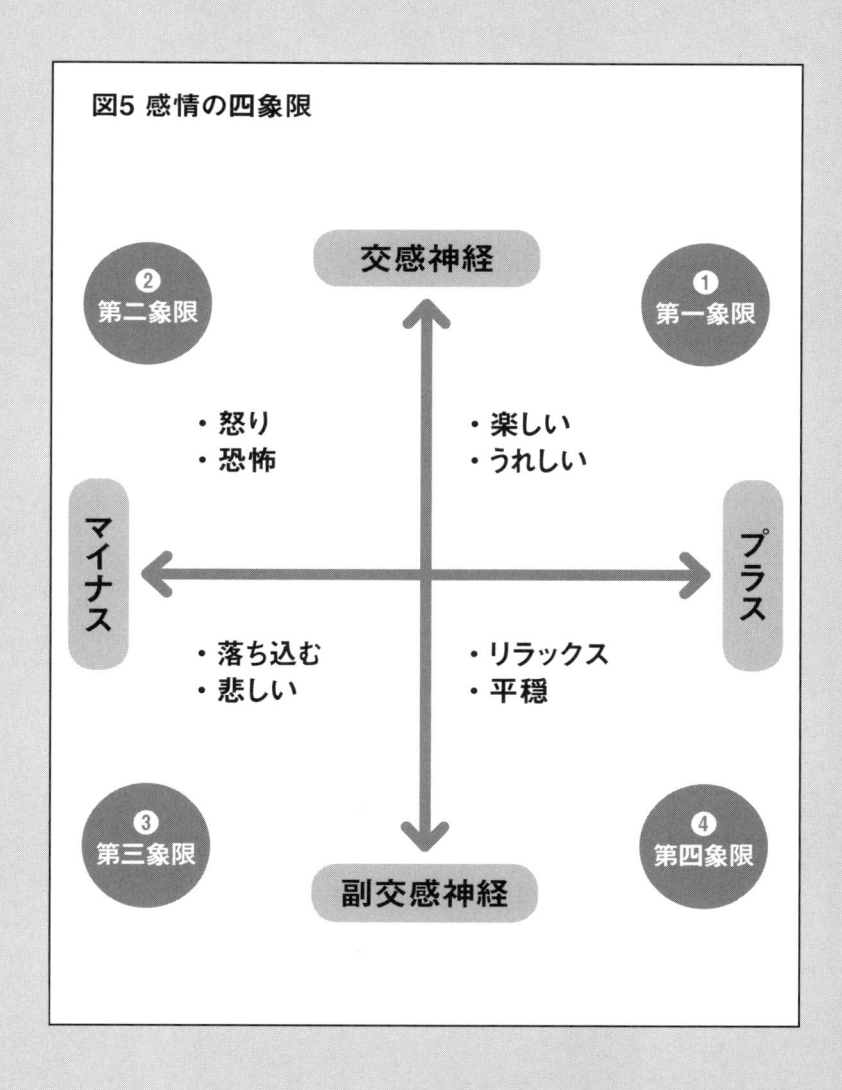

図5 感情の四象限

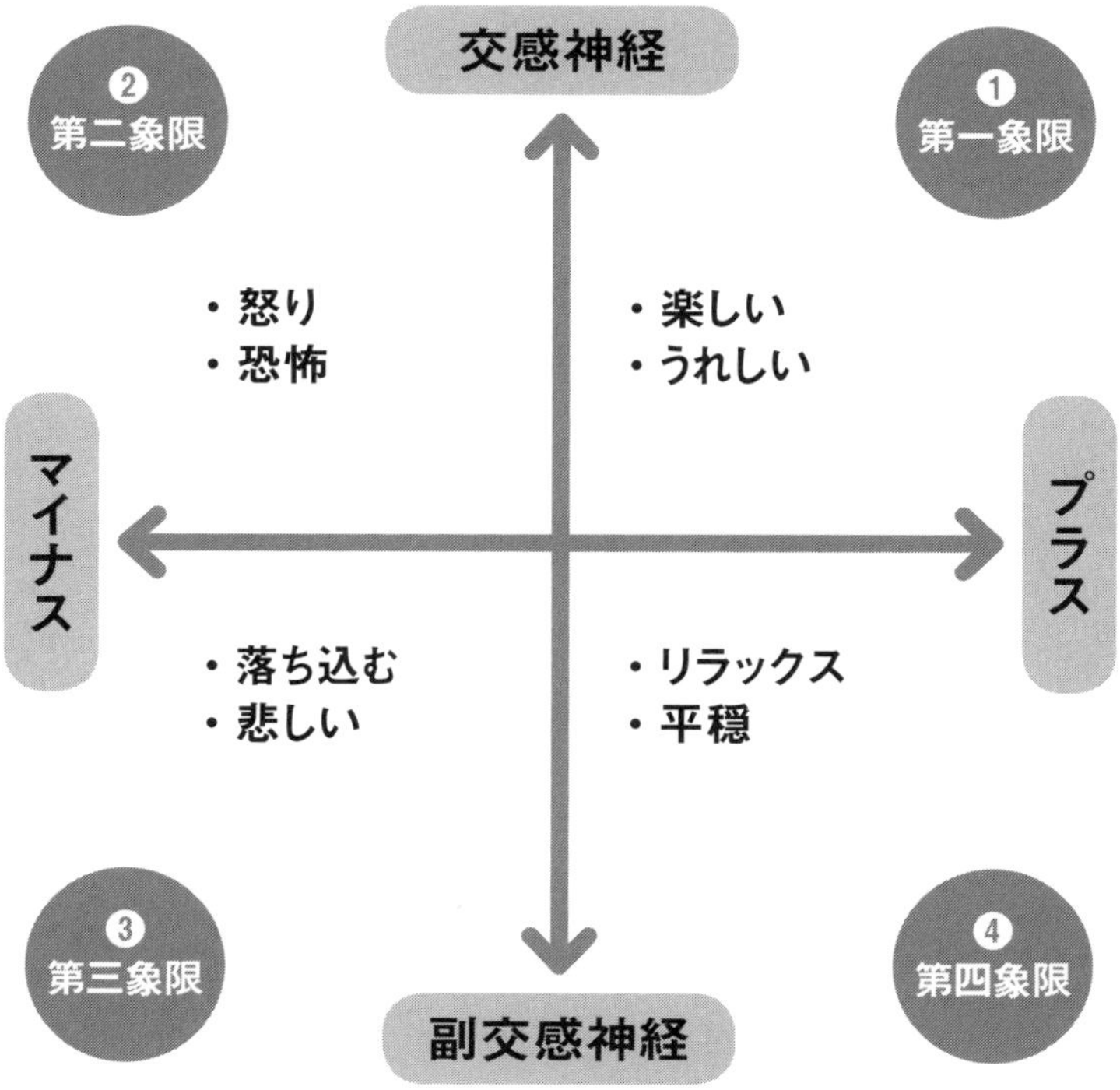
交感神経
❷ 第二象限
❶ 第一象限
・怒り
・恐怖
・楽しい
・うれしい
マイナス
プラス
・落ち込む
・悲しい
・リラックス
・平穏
❸ 第三象限
❹ 第四象限
副交感神経

ス感情なので、「怒り」「恐怖」です。左下は副交感神経が優位でマイナス感情なので、「落ち込む」「悲しい」、右下はプラス感情なので「リラックス」「平穏」といった感情になります。

まず、「今の自分の感情はこの4領域のどこに当てはまるか」を考えてみましょう。どの領域の感情でもいいのです。重要なのは、自分で気づくこと。気づかないことには、感情をコントロールしようがないからです。

次に、「自分はどの感情の領域で過ごしたいか」を考えます。たとえば、今は右下の領域にいる（落ちついている）が、今日このあとの予定のためには右上の領域にいたほうがいい――そんなときは、交感神経を上げるような対処行動をとればいいわけです。

あるいは、自分に厳しく、戦闘モードであたったほうがよさそうな仕事の場合には、交感神経を上げつつ、かつあえてマイナスな方向に感情を調整する――これはアスリートが実践していることです。怒りや恐怖という感情は、無意識に出ているときはマイナスな行動を引き起こしますが、だからといって、怒らないようにしよう、緊張しないようにしようとするのは無駄な方略です。**「怒りをあえて使う」というスキルこそ、「コントロール（調整）」です。**詳しくは本章で触れていきます。

意外と難しいのが、最初に行う「自分の感情を認める」作業です。特に4象限の左上の領域にある怒りや恐怖の感情は、「あってはならない」と思っている人が多く、そのため「怒っている」「怖い」といった感情は「ないこと」にされがちです。

でも本当は、そんなふうに思うことこそ、心身の健康としては逆効果です。そもそもあるものをないことにするほうがストレスですよね（笑）。怒りも恐怖も、何かしらの「自分ならではの理由」があり、いわば課題を表出したものであって、自分の中に怒りや恐怖があると気づくことで初めて、その課題解決に取り組むことができるからです。

他の領域の感情も同様です。「なぜ、今そのような感情を抱いているのか？」を突き詰めれば、必ず何かしらのきっかけや事実を思い出せるはずです。それを思い出せば、そのときに本当に必要な対処行動に移ることができます。

感情のコントロールは、ＣＨＡＰＴＥＲ１のセルフアウェアネスと密接に関係しています。読む順番としては、「まず自分という人間の感情や思考に気づく」というＣＨＡＰＴＥＲ１のあとに、「出た感情をどう調整するか」という本章を読むことをおすすめします。

CHAPTER.8

1 落ち込むことをプラスと考える

「人生いろいろ」「山あり谷あり」というように、長い人生、常にいいときばかりではありません。心理的につらい状態というのは、小さなことも含めれば、常につきまとっていると言ってもいいかもしれません。

壁や困難につきあたるのは、誰にとっても楽しいことではありません。しかしこの落ち込みというのは必ずプラスにできるのです。これは気休めや根性論ではありません。

あるプロサッカー選手が怪我をして、半年ほど選手生活から離脱したときのこと。サッカー一筋で突っ走ってきて初めて経験する長期離脱だったのですが、そのときに、いろいろと考える機会を持てたようです。サッカーの良さをあらためて知ったり、サッカーを始めたばかりの小さい頃の自分を思い出したり、チーム内での自分のポジションに気づいたり。さらに、マンネリ化していたやる気の回復にもつながったそうです。ケガや挫折をきっかけに自己成長していくアスリートは多く、これをＰＴＳＤ（心的外傷後ストレス）ではなく、ＰＴＧ（心的外傷後成長）といいます。

ビジネスでも、失敗をしないで成長した人や、他人の痛みがわかるようになったリーダーはいません。

私自身も多くの大失敗をしたり、いじめや嫌がらせの対象になったりしながらも、今までのキャリアを築いてきました。そのつど落ち込んだり、絶望したりしてきましたし、自分ではどうにもできない状況に置かれたときには、周りが灰色に見えるような状態になったこともあります。

人は落ち込むことを悪いことだと捉えがちなため、出口の見えないマイナスの落ち込みになりがちです。

しかし、これを少しだけ視点を変えて、より長いスパンで捉えてみましょう。

落ち込むことは、あらためてキャリアを考える最良のチャンスなのです。

これによって、皆さんはさらに深みのある人になることができるのです。

より良いキャリアを送るための、「プラスの落ち込み」と捉えるのです。

CHAPTER.8

2 自分の感情の起伏を意識する

193ページ図5の「感情の四象限モデル」をご覧になって気づいた方も多いかと思いますが、ドキドキを演出する交感神経には、プラスにはたらく場合とマイナスにはたらく場合の、二つのケースがあります。

同じ交感神経のはたらきでドキドキしていても、楽しいとか、うれしい、ワクワクといったプラス側のときもあれば、怒り、恐怖といったマイナス側にふれることもあります。この交感神経の起伏は、エネルギーの解放のようなものなので、多方面で活動的な人は怒りも喜びも表現が大きい傾向があります。

見方を変えると、**あまり怒らない人は、交感神経のはたらきの振れ幅が少ないため、うれしいときであってもあまりうれしそうにしない**、ということでもあります。

本来楽しいときにも楽しくならず、エネルギーレベルの高い人であればワクワクするような状況でも、ワクワクすることが少なくなるわけです。

これは、新しいことにチャレンジしたり、仲間と一緒に何かを創りあげたりするようなときには、あまり良い結果につながりません。

確かに、同じ人であっても、感情の動きに接することでその人の魅力を発見することが多いですよね。

一方、人前で怒りを爆発させたり、露骨に恐怖感をあらわにすることは、まわりに負のエネルギーをまき散らすため、あまり好まれることではないのも事実。

だからといって、つい「怒ってはダメだ」「感情を抑えて冷静にならなければ」と思いすぎて、交感神経のはたらきを鈍らせてしまっていないでしょうか。

これでは本来まわりにプラスの影響を及ぼしたり、自分のやる気につながったりするような喜びや、ワクワク、楽しいといった感情までをも抑え込んでしまい、結局自分自身が損をするようなことになりかねません。

場所をわきまえさえすれば、感情の起伏やその現れはむしろ大切にする必要があるということですね。

CHAPTER.8

3 人が怒っていても、自分のせいではないと考える

苦情の対処をした経験のある方であればわかると思いますが、クライアントから直接クレームを受けると、とても重い気持ちになります。

クライアント相手なら、まだ仕事であると割り切ることもできるかもしれません。とはいえ、あの手この手を使って相手をなじることが得意ないわゆる「クレーマー」というのは少なからずいます。ときには、そういう人が同僚や上司になることもあるでしょう。その場合、なかなか割り切れるものではありません。

こういう人から繰り返し理不尽に怒られたり、責められたりし続けると、何故か、自分が悪いかのような気分になってきて自信がなくなったり、うつ状態のようになって、思考力や判断力がおとろえ、相手に対して反論するどころか本当に自分が悪いと思い込んでしまうことさえあります。

そのまま放置しておくと、悪くするとキャリアや人生そのものに取り返しのつかない

ダメージを受けかねません。

ここでも、自分のメンタルをコントロールすることで切り抜けることができます。

これまでも触れたように、**心理学には受動態はありません。**

つまり、怒っているあなたは、単にあなた自身が怒りの状態になっているのであり、周りの誰かのせいで「怒らされている」わけではないのです。

では、ここで視点を逆にしてみましょう。

「お前のせいで、俺は腹を立てているんだ」とばかりにあなたに向かって怒りをぶちまける相手は、その人が自分の心を勝手に怒らせているだけなのです。

怒るか怒らないかは、その人が選択した結果ですから、あなたはまったく罪の意識を持つ必要はありません。

そう思うことで、少なくともあなたが心をいためることはなくなります。

そのメンタルの状態で「愚かに怒り続けている」相手を見ていると、スーッと落ちついていく自分に気がつくでしょう。

結果的に対処方法が見えてくるようになるのです。

CHAPTER.8

4 週末にあたたかい感情をつくりだす

仕事をしていると心の状態は、プラス側かマイナス側のどちらかになるかは時と場合によるものの、どちらかというと四象限モデルでいう上側の二象限、交感神経が活性化した状態にあることが多いものです。

月曜日から金曜日までの平日はどうしても交感神経が活発にはたらきます。

頑張って何かをしようと思っているときはもちろん、なかなかうまくいかなくてイライラしているときであっても交感神経が活性化しているのです。

そんな「アドレナリン出まくり状態」を続けていると、心も身体も張りつめたまま。**ちゃんと緩める時間をとらないと、いつかプツンと切れてしまいます。**

しかし、家庭に戻っても子育てや介護、複業やボランティアなどをやっている人も多いことでしょう。

そうするとついハイテンションの週末を送り、そのまま翌週の平日を迎えるなんていうことも多いのではないでしょうか。

必ず、意図的に四象限の右下の状態、すなわち副交感神経をはたらかせてリラックスした時間をとるように心がけてください。

音楽を聴いたり、映画を見たり、読書をしたりしてアドレナリンの分泌を抑えて落ちついた状態を一定時間過ごすのです。

ちなみに、スマホを見て過ごすことはリラックスにはなりにくいといわれています。最近ではスマホが普及して性能が上がり、特に会社にいたり、机に向かったりしていなくとも仕事ができてしまうようになりました。

そうするとリラックス目的でスマホをいじっていても、つい仕事が気になってメールを見てしまいます。寝る直前までスマホ画面から出るブルーライトを浴び続けます。

リオオリンピックでは、寝る直前にスマホをいじってブルーライトを浴びていた選手の戦績がそうでない選手と比較してふるわなかったというデータがあるそうです。

リラックスするための手段を自分で決めておき、意図的に神経を休ませる時間をとることもメンタルをコントロールすることの重要な要素なのです。

CHAPTER.8

5 感情の「おなら」は、言語化して放出する

イライラしているときや焦っているときは、溜め込みすぎずに外に出しましょう。このイライラや焦りというのは、「おなら」と同じです。我慢して身体内に溜め込んでいても、まったく解決しません。「言語化」というかたちで、早めに外に出すことです。たとえば、「はい、私は今いらついています。具体的に言うと、〇〇について……」「僕はじつは焦っています。先ほどの△△さんの表情が……」というような具合にです。

ここでのポイントは二つあります。

ひとつめは言語化すること。「あーっ」とか「くそー!」と言うだけではなく、具体的に言葉に表してみることで、何が問題なのかを認識できます。また、具体的に述べてみることで、「意外に大したことじゃないな」と思える瞬間も訪れます。

感情を言語化するメリットとして、心理学の研究では、「感情を客観的に見つめて、

整理する力が養われる。その結果、感情を制御する力がつく」ということがわかっているそうです。また脳の研究でも、「こういう感情を抱いている自分」と言語化することが、建設的な思考を助長し、原因が特定されて、対応策についても具体的に語れるようになるともいわれています。

「感情の言語化」はこのように科学的根拠があることから、アスリートのメンタルトレーニングにも多く使われています。

イライラや焦りの原因は「なんとなくの不安」であることが多く、その「なんとなく」を放っておくと、さらなるイライラの原因をつくったりします。小さいイライラのうちから、具体化したり詳細に分解したりしてみると、単に大げさにとらえすぎていたり、着実にやれば必ず解決できることだったりするものです。

二つめは、この言語化は、できるだけ一人になったところでやってみるということ。「おなら」と同じで、周りの人にとっては不快や不安の原因になりかねないからです。

特にリーダーや顧客担当などの立場がある人ほど、十分な配慮が必要です。チームメンバーやクライアントなど、あなたを頼りにしている人からは、あなたは、あなた自身が思っているよりも見られているからです。

CHAPTER.8

6

自分の感情に気づく

突然ですが、あなたはどんな人を信用しますか?

いろいろな説明の仕方があるかと思いますが、少なくとも自分を理解してくれる人に対しては信頼を寄せるはずです。

特に感情面で共感してもらえる人がいれば、間違いなくその人を信頼するでしょう。

これ、自分に対しても当てはまります。自信という言葉は、自分を信じるという意味であることはおそらく間違いありません。

自分自身の感情を理解して肯定しているのであれば、そんな自分を信頼してみよう、という気持ちになるわけです。それがつまり「自信」なのです。

それでは、あなたは自分を理解しているでしょうか?

特に自分の感情面については、意外に理解できていないのではないでしょうか。
どんな感情でも、持ってはいけない、というモノはありません。イライラであれ、怒りであれ、嫉妬であれ、持つこと自体は悪いことではないのです。
その自分の感情を、自分で否定したり、打ち消したりしようとすることが思考をとめてしまったり、動揺やイライラとして表情に出てきてしまいます。
すなわち「自信なさそうな雰囲気」をつくってしまうわけです。

ですから、たとえどんな感情を持ったとしても、まずその気持ちを肯定してみましょう。ああ今、自分は怒ってるのだな。イライラしているのだな。あの人のことがうらやましいのだな、と。

本来一番近くにいて、あなたを最もよく知っていなければいけないのは、誰あろう、あなた自身なのです。

ある感情を持ったなら、それを理解し、認めましょう。その自己肯定感を持ったうえで物事に冷静に対処すれば、「自信」を持ってコトにあたることができるでしょう。

CHAPTER.8

7 自分のこだわりに気づく

自分の感情をコントロールするうえで、自分にとって何が最もこだわりのポイントなのかを、あらためて理解しておくと便利です。

「自分のこだわり」なんて、自分のことだから当然知っているよ、とお思いかもしれませんが、じつは、あらためて考えてみないと意外に気づいてないものだったりします。

あなたのこだわりはなんでしょうか？　周りに尋ねてみたり、ＳＮＳへの投稿の履歴を見返してみたりするとわかりやすいものです。

こだわりというのは、日常の言葉の端々や、ＳＮＳへの投稿、特定の話題への反応などを見ていると感じとることができるもので、本人は意図して表していないつもりでも、周りから見るとよくわかるようなものだったりもします。

家族やふるさとの話題が多い人、なにかと学歴の話題にしてしまう人、ネットに特定の被写体（自分、子ども、ペットなど）の写真をアップする人、特定の話題にはなぜか人が変わったかのようなリアクションをする人など、さまざまです。

このような客観的な情報を総合して、「ああ、要するに自分は人より目立ちたいのか」「組織に拘束されることがイヤなのね」とか、「あのときの心の傷が尾を引いていたのか」「自分は人生を囲碁と重ね合わせている」といった自分のこだわりが明確にわかるわけです。

一度そのこだわりがわかると、自分がイライラする理由や、落ち込む原因もよくわかるようになり、行動を制御して感情をある程度コントロールできるようになります。

また、自分のこだわりに自分自身が気づいたうえで感情をコントロールしていくと、あるとき、そのこだわりがスーッと消えていく感覚を得られるので不思議です。

じつは、自分のことを認めてもらいたい一番の相手は、自分だったのかもしれないと思えてきます。

この本の全編を通じたメッセージですが、**感情とは、すべて自分次第なのです。**

PART

2

メンタル マネジメントって なんだろう?

田中ウルヴェ京

『99%の人がしていない たった1%のメンタルのコツ』というテーマで、ここまで8つの章に分けて、68のコツを紹介してきました。「そうなんだ、はじめて聞いた」という話もあれば、「知っていたけれど、それが理論的にも正しいとされていたなんて知らなかった」という話もあったのではないでしょうか。

PART2では、メンタルマネジメントについて、もう少し理論的に理解しておきたいという方のために、少し長めにページを割きました。

メンタルマネジメントは、単なる気分転換や気合いではない

冒頭の「本書をお読みになるにあたって」でも書きましたが、メンタルマネジメントとは、「自己の潜在能力を最高度に発揮するための自己管理」です。そして、その自己管理のための（訓練によって獲得が可能である）メンタルスキルをトレーニングすることをメンタルトレーニングといいます。

私（田中）は、プロ選手や五輪・パラリンピック選手といったトップアスリートのメ

ンタルマネジメントが専門ですが、同様に、ビジネスパーソンのトレーニングも行っています。

定期的に個別コンサルティングに訪れる人の多くは、企業経営者や医者といった方々です。彼らのほとんどは、いわゆる成功経験も失敗経験も豊富にあり、その中で培った「自分ならではのメンタル戦略」を持っている、いわゆる〝メンタルが強い〟方々といえるでしょう。

そんな彼らが、なぜメンタルトレーニングやメンタルマネジメントにご興味を持たれるのか。ヒアリングをすると、共通しているのは、「これまでの経験で培ったメンタルは確かにある。しかし、だからこそこれまでの自分を整理し、〝メンタル〟と曖昧に語られるものに対して理論的に理解を深めたい。他国や他人の事例からつくり方や鍛え方を知りたい」という知的好奇心がモチベーションとなっているということです。

つまり、メンタルマネジメントに関心のある方々は、誰かに癒されたいわけでも、「ポジティブになりましょう!」「大丈夫!」などという、根本的な課題解決にはまったく必要ない「気分をよくするメンタル」を他人に求めているわけでもなく、「誰のものでもない、自分だけのたった一度の人生をどう生きるか」という人生戦略のひとつとして、目的意識を持って、自己の能力発揮の自己管理を学ぼうとしているのです。

「ゼロ」の状態のアスリートやビジネスパーソンを「プラス」に伸ばす

このように、すでに〝メンタルが強い〟人が、さらに自己を高め、「しなやかなメンタル」を目指すようになっている反面、企業の人事の皆さんなどとやりとりをしていると、「メンタル」と聞いて、〝うつ治療〟を含めた、メンタル疾患の治療を想像する方もまだまだ多いことを感じます。「はじめに」で河野さんが書かれた、「どちらかというとネガティブなイメージのある〝メンタル〟」です。

メンタル疾患の治療も当然重要です。ここではメンタルの「強い／弱い」について説明します。

まず前提として、「メンタル」とは「心の（状態）」ですから、どんな人でも当然、「ずっと強い（弱い）」ということはありません。ある程度、強くなったり弱くなったりします。「私ってメンタル弱いんです」「僕はメンタルが強いんで」という表現をする方がいますが、その「弱い人」や「強い人」のなかにも強弱があるということです。

そのうえで言いますと、メンタルが弱くなっている状態とは、大きく分けて、「食べられない」「眠れない」「社会生活が送れない」といった、3つの、いわゆる〝普通〟の行動ができなくなってしまった状態を指すと、一般には解説されます。普通の状態をゼロとすれば、マイナスにある状態ということです。

ご本人にとって、これらの行動ができないマイナス状態は心身両面の健康を害することであるため、その場合は、生活に影響する心身の状態を〝正常なゼロ状態〟に戻すために、臨床心理士や精神科医などの資格を持つ方々にサポートしてもらうことが必要となります。

これに対して、メンタルマネジメントは、〝普通〟に生活ができている人たちが、自己の潜在能力を最高度に発揮するために行う自己管理です。ゼロまたはプラスの状態にあるメンタルを、より高めるために行うのがメンタルマネジメントというわけです。

この領域の指導資格には、日本では今のところ、学術的、実践的根拠のある指導資格として、日本スポーツ心理学会が認定するスポーツメンタルトレーニング指導士という資格があります。この資格を保持する指導士は、おもにスポーツ心理学を専門領域としていますが、細かい専門分野はそれぞれ異なっていて、小・中学生を対象にメンタルトレーニングを指導する人もいれば、特定の競技のメンタルだけを専門とする人もいます。また私のようにトップアスリートや経営者のメンタルマネジメントを専門とする指導士もいてさまざまです。

能力発揮へと導く「心・戦・技・体」のピラミッド

さて、ここまで、メンタルマネジメントとは何かについて説明しましたが、次に疑問にあがる可能性として考えておきたいことは、「メンタルさえ鍛えればどうにかなるのか」ということです。

マラソンを完走したいという目標を持つ人が、メンタルをマネジメントすれば、完走できるようになるかというと、それは難しいでしょう。走ったことがない方であれば、まず1キロ歩くことから始めるといった身体のトレーニングが必要ですし、その身体づくりのために必要な栄養について学ぶことも大事なことです。また、長時間走り続けるための走る技術を学んで身につけることも不可欠でしょう。

「心・技・体」という言葉があります。スポーツでもビジネスでも、自分の能力を高めるということは、「自分の心・技・体」それぞれを高めていくということです。この言葉の意味を、「戦(戦術)」も加えて、メンタルマネジメントのつながりとともに説明しましょう。

スポーツ心理学の領域においての「実力発揮の理論」に当てはめて、わかりやすく説明したのが、次ページの図6です。

一番下に平たい円があります。これがベースとなり、その上に4つの要素がピラミッド状に積み重なっています。

まず、一番下のベースは何かというと、「哲学/フィロソフィカル」。そのすぐ上に「身体/フィジカル」があり、さらに「技術/テクニカル」「戦術/タクティカル」があり、その上の頂点にあるのが「心理/メンタル」という構造です。

図6 アスリートの実力発揮に向けた流れ

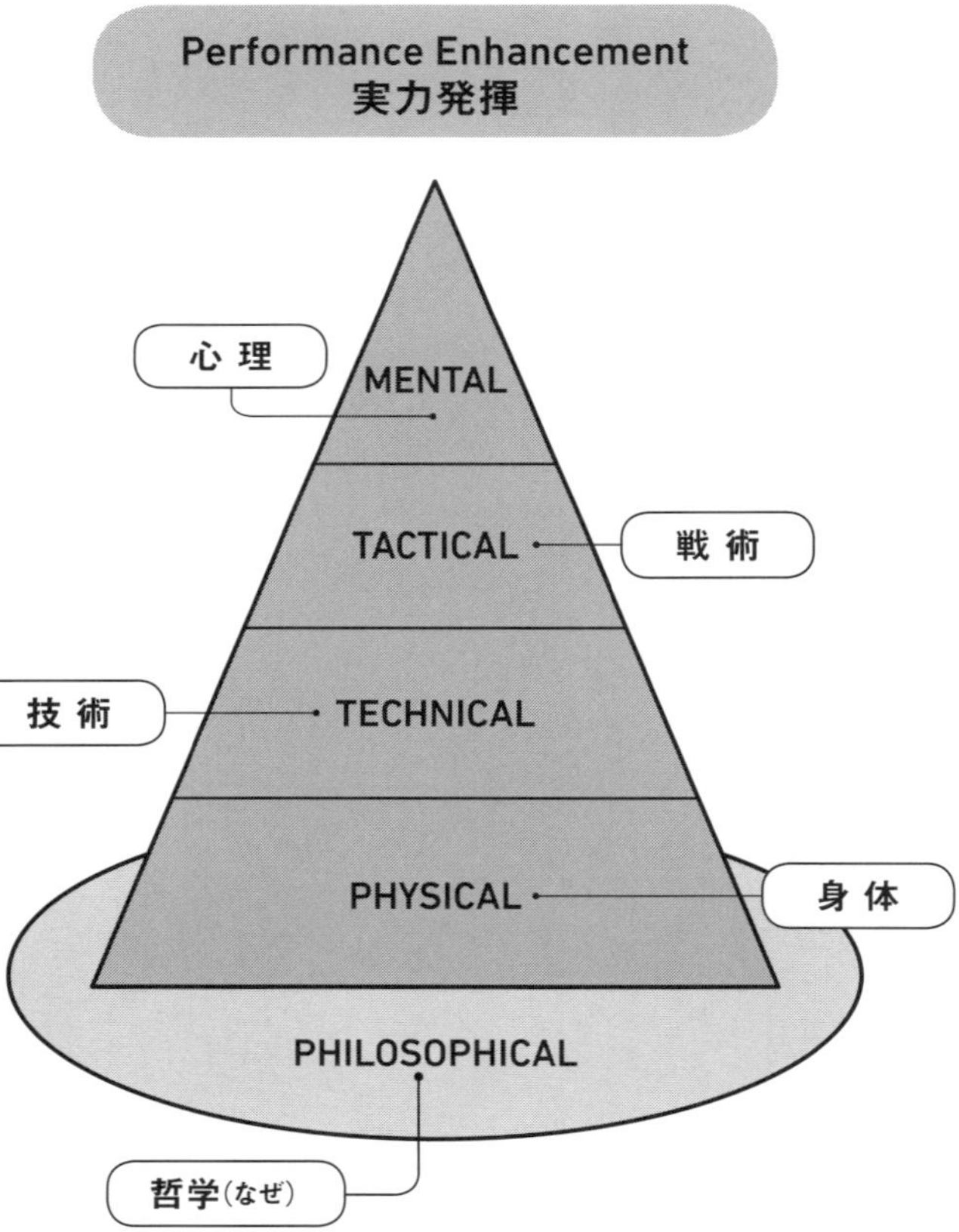

アスリートの実力発揮に向けた流れの図式(田中, 2013)

アスリートの場合、この図に沿って、それぞれの競技特性に合ったトレーニングを行います。

たとえばサッカー選手の場合、「身体／フィジカル」ではサッカーという競技に必要な心肺機能や、体幹、足などを含むさまざまな筋肉を鍛えます。「技術／テクニカル」ではドリブルやシュートといったサッカーの技術を鍛えるでしょう。そして「戦術／タクティカル」では、その鍛えた身体や技をゲームプランにどのように活かすか、ということをトレーニングします。水泳選手であれば、この「戦術／タクティカル」の部分は、400メートル個人メドレーの最初の100メートルをどういうふうに泳ぐかといったレースプランのことが当てはまります。これらはビジネスアスリートも同じですよね。身体の健康維持管理は大事ですし、そのうえで、ビジネスの専門分野によって必要な技術や戦術があります。

そして、ピラミッドの頂点には「心理／メンタル」があります。これはここまで見てきた「身体／フィジカル」「技術／テクニカル」「戦術／タクティカル」という3つ全部を司る「脳」の領域です。

身体を司るのも、技術や戦術を司るのも、すべては人の脳です。身体を鍛えているときに脳で「何を感じ、何を考えているか」によって、鍛えた結果は異なります。どの技術の、どういった戦術のときに、どういう思考が必要で、どういう感情は無駄なのかなど、その人によって、その人の状況によって違う「脳の使い方」＝「思考と感情の使い方」を知ることは「心理／メンタル」の基本です。

そして、この脳の処理能力を高めることが、ピラミッドの頂上にある「心理／メンタル」の領域です。

メンタルマネジメントの中でも、この領域は、淡々とコツコツと「メンタルスキル」の反復練習によって鍛えていく場所です。

自分ならではのキャリアの「理由と意味づけ」

説明が最後になりましたが、ピラミッドの根底にあるのが、上の4要素を「行う理由」である「哲学／フィロソフィ」です。ここもメンタルマネジメントの領域です。つまりメンタルマネジメントとは、能力発揮をする「根底」をつくる「哲学／フィロソフィ」

と、その根底からすべての要素を司って、自分ならではの能力発揮を行う「心理/メンタル」という両面での自己管理ということです。

「哲学/フィロソフィ」とはなんでしょうか。ここは、自分ならではのキャリアの理由や意味づけの領域です。

人にはそれぞれ人生に対する自問自答があります。「自分のキャリアの意味は何か」「自分とは誰だ」「自分はなぜ能力発揮をするのか」「なぜこの仕事をしているのか」「なぜオリンピックでメダルをとるのか」といった、ありとあらゆる側面からの自問自答によって「能動的に悶々とすること」から得られる「自己認識」です。

ここには、よく一般用語で使われる「やる気(モチベーション)」や「自信」というものも含まれます。第1章のセルフアウェアネスのコツなどはその導入と考えていただければと思います。

そもそも、やる気や自信は他人から与えてもらえるものでもなければ、「こうやったらやる気が出る」「こんなふうに考えたら自信が湧く」といったマニュアルがあるわけでもありません。冷静に考えれば、やる気や自信のマニュアルがあったら気持ち悪いですよね。自分という人間は、自分の考え方や感じ方で成り立っているのであり、「こんなふうに考えたらやる気が出ますよ」なんて言われても、ロボットじゃあるまいし、それこそ、自分の自信をなくしてしまいそうです。

「薄っぺらいメンタルトレーニングはアスリートのメンタルの邪魔になる」と断言するイギリス人のメンタルトレーニング指導者がいます。お名前はマーク・ネスティ教授。実存心理学の領域からプレミアリーグのプロサッカー選手のメンタルマネジメントに関わっている実存スポーツサイコロジストです。

彼自身が現場で実際にどのような指導を選手に行い、それがどう選手の心身に影響しているのかまでは存じ上げませんが、私は彼の学会発表を聞き、長くディスカッションをさせていただきました。そのとき、私から「ネスティ先生の『薄いメンタルトレーニングはダメだ』というお言葉が好きです」と申し上げたら、「そりゃそうだろう、キミがトップアスリートであったのならば、キミが今、行っているメンタルトレーニング指導も、実存心理学にもとづいてやっていることが容易に想像つくよ」と言われました。それ以降、彼の論文や書籍を読ませていただき、（こう言うとおこがましいようですが）

確かに、私の考えと相通じるところがあるように感じています。

「メンタルマネジメント」の根底とは

そもそも私は、オリンピックまでの10年間の現役選手時代、そして引退後の10年間のアメリカ、日本、フランスでの代表チームコーチ時代、メンタルトレーニングなんてまったく信用していなかった人間です。

当時は心理学の知識も全然なかったくせに、なぜ信用していないなんてことが言えるのか。もちろん「知らないことを知らない」という未熟者だったということはあるのですが、それと同時に、当時、日本での講義などで聞いていたメンタルトレーニングは、前述のピラミッドでの頂点の部分の「心理/メンタル」だけだったからです。

人によって、やる気の種類も、勝利の意味も、成功や幸福という言葉の持つ意味も異なります。そうしたことを自分自身に問いかけながら、「私は何をどう感じ、どう考え、だからどう行動し、どう生きたい人間なのか」を探求することこそが、試合の本番での実力発揮に(究極的にいえば)必要なのではないか、というのが自分の当時の想いでした。

まだ心理学を学ぶ前ではありましたが、当時、その想いを、メンタルの専門家と言われる人に伝えたところ、「田中さん、そういうことを考えすぎるとうつになりますよ。ネガティブ思考ですね」と言われたことがあります。まだ若かった私は、そう言われて、メンタルトレーニングに薄っぺらさを感じてしまったのでした（笑）。

それからいろいろあって、私はスポーツ心理学を学び、「自己認識（自己の気づき）＝セルフアウェアネス」の部分に惹かれ、ピラミッドの根底にある「哲学／フィロソフィ」の部分を学んでいくことがライフワークになっています。

長々と自分語りをしてきましたが、ここでお伝えしたかったのは、この「哲学／フィロソフィ」の部分こそが、トップアスリートやビジネスパーソンのメンタルには重要であるということです。ネスティ教授もそのことを言っています。

この部分は、人によって「気づく」内容も違うし、だからこそ、その人ならではの「働く理由」や、人生観にまで広がっていきます。

「気づき」や「人生観」なんて聞くと、前向きでカッコイイことを言わないといけないとお思いかもしれませんが、決してそうではありません。自己認識を持つ(セルフアウェアネス)ということは、「やる気の出ない自分」「人に嫉妬する自分」「言い訳をする自分」「カッコつけたい自分」といった、誰にも見せたくないけど、じつは自分ではずっとわかっていた、「気づきたくなかった自分」に気づくことでもあります。

そして、そうした自分を認めたうえで、それを温かく受け入れること。

「でも、本当は頑張りたい自分」
「本当はうらやましい、自分もああなりたいと思う自分」
「本当はカッコ悪いってことを、わかっている自分」

などなど、ポジティブもネガティブも表裏一体であり、そして自分の弱点こそが長所や個性になり得るということの発見が、じつは本当のやる気や自信の基礎となる——そのことを、私たちはメンタルマネジメントによって気づいていくことができます。こうした気づきは、私たちが社会人として生きる根底となっていきます。

メンタルマネジメントは、「自己の潜在能力を最高度に発揮するための自己管理」と書きました。その**究極の目的は、「あなたという人間の未開拓な部分を発見すること」**でもあります。自己管理の目的は、完璧な人間になることではありません。当然、完璧なんてないし、そんな「完璧という枠」にはまるようなことは不可能だからです。

「あなたという人間に、あなた自身が好奇心を持つ」こと、そしてそれが「感情の質感」として感じられるようになれれば、みなさんのキャリアにおける成功も失敗もすべて、「この事実は、どう捉えればいいのだろう」という視点で受け止めることができるようになるのだと思います。

おわりに

河野英太郎

昭和63年夏。私は岐阜の田舎の水泳好きの中学生でした。

その年は１９８８年オリンピックソウル大会の年であり、我々中部圏の住民にとっては「本来なら名古屋オリンピックのはずだった」年でもありました。

水泳少年だった私のこの大会の記憶は、鈴木大地現スポーツ庁長官の背泳ぎ金メダルと、当時「新しい」種目として注目されたシンクロナイズドスイミングの台頭でした。そうです。そのシンクロのデュエットで銅メダルに輝かれたのが、本書の共著者である田中ウルヴェ京さんです。

その頃の私はオリンピック選手なんて一生ご縁のない別世界の人たちと思っていましたが、その20年後、東京で子どもたちが通っていたスイミングスクールの保護者向けクラスでご一緒する形で京さんと知り合うことができました。

もともと、本シリーズの一作目「仕事のコツ」を出版するきっかけをいただいたのも、当時すでに40冊近い著書のあった京さんでした。そんなご縁から現代のホワイトカラーの課題点を議論する中で立ち上がったのが、この「メンタルのコツ」の企画です。

思えば、ソウルオリンピックの頃、日本経済は無敵を誇っていました。24時間戦えるジャパニーズサラリーマン。日本の土地の値段を足し合わせるとアメリカの広大な土地が軽く買えてしまう、とまで言われました。

その頃の栄光を取り戻す、とは言いません。しかし勢いが落ちたときこそ課題がよく見えてくるというのも真実で、今こそ自分たちの足元を見直す良い機会だと思います。それに向けたひとつの提案が、本書のテーマである「メンタル」の管理手法を少しだけ考え直してみること。そうすることで、職場で悩みながらも頑張っている多くのホワイトカラーのみなさんの手助けになるのではないかと考えたのです。

京さんと私の文字どおり「デュエット」の形をとった本書が完成するまでには、多くの皆様のご協力が不可欠でした。我々の議論を書き留めてくださった大塚玲子さん、専門的見地からコメントをくださったスポーツ心理学の博士（学術）筒井香さん、編集の千葉正幸さん、渡辺基志さんには末筆ながら、著者陣を代表してお礼を申し上げます。

それぞれの家族にもこの場を借りて感謝しないといけませんね。Merci Beaucoup!

本書が実務の中で役に立つことを願ってやみません。

【引用元・参考文献】

●本書をお読みになるにあたって

『オリンピック選手のメンタルマネジメント―17年間の研究、サポートプロジェクト参加の経験から―』
（猪俣公宏、日本体育学会第66回大会キーノートレクチャー、２０１５年8月27日）

●CHAPTER3　リラックスのコツ

『言語化による怒りの制御』（荒井崇史／湯川進太郎、カウンセリング研究39【1】２００６）

●CHAPTER4　集中力のコツ

『スポーツメンタルトレーニング教本』［改訂増補版］（石井源信、大修館書店、２００５）
『注意集中技法』（石井源信、日本スポーツ心理学会【編】）

●CHAPTER5　イメージのコツ

『書くだけで人生が変わる感謝日記』（田中ウルヴェ京、実業之日本社、２０１０）

●CHAPTER7　理想のパフォーマンスを生み出すメンタルのコツ

『誰にでもできる水泳メンタルトレーニング』
（ジョン・M・ホッグ／田中ウルヴェ京［訳］、ベースボール・マガジン社、２００３）

●CHAPTER8　感情をコントロールするコツ

Russell, J. A ..A circumplex model of affect, Journal of Personality and Social Psychology 39, 1980.

●PART2　メンタルマネジメントってなんだろう？

「アスリートの実力発揮へ向けた流れの図式」田中ウルヴェ京　http://www.coping.jp/

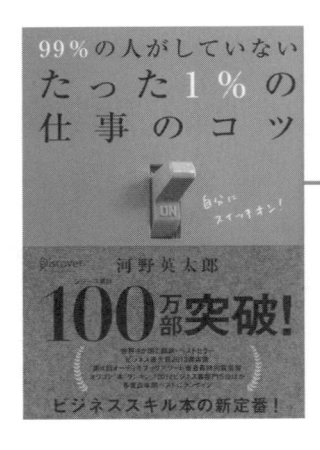

99%の人がしていない たった1%のメンタルのコツ

発行日　2017年 9 月15日　第1刷
発行日　2017年10月 5 日　第2刷

Author　河野英太郎　田中ウルヴェ京

Book Designer　金井久幸　髙橋美緒（TwoThree）

Publication　株式会社ディスカヴァー・トゥエンティワン
〒102-0093　東京都千代田区平河町2-16-1 平河町森タワー11F
TEL　03-3237-8321（代表）
FAX　03-3237-8323
http://www.d21.co.jp

Publisher　干場弓子
Editor　千葉正幸　渡辺基志

Marketing Group
Staff　小田孝文　井筒浩　千葉潤子　飯田智樹　佐藤昌幸　谷口奈緒美　古矢薫
蛯原昇　安永智洋　鍋田匠伴　榊原僚　佐竹祐哉　廣内悠理　梅本翔太
田中姫菜　橋本莉奈　川島理　庄司知世　谷中卓　小田木もも

Productive Group
Staff　藤田浩芳　原典宏　林秀樹　三谷祐一　大山聡子　大竹朝子　堀部直人
林拓馬　塔下太朗　松石悠　木下智尋

E-Business Group
Staff　松原史与志　中澤泰宏　中村郁子　伊東佑真　牧野類

Global & Public Relations Group
Staff　郭迪　田中亜紀　杉田彰子　倉田華　鄧佩妍　李瑋玲

Operations & Accounting Group
Staff　山中麻吏　吉澤道子　小関勝則　西川なつか　奥田千晶　池田望　福永友紀

Assistant Staff　俵敬子　町田加奈子　丸山香織　小林里美　井澤徳子　藤井多穂子
藤井かおり　葛目美枝子　伊藤香　常徳すみ　鈴木洋子　内山典子
石橋佐知子　伊藤由美　押切芽生　小川弘代　越野志絵良　林玉緒

編集協力　筒井香　大塚玲子

Proofreader　株式会社文字工房燦光
DTP　株式会社RUHIA
Printing　株式会社厚徳社

ISBN978-4-7993-2170-6